알프스 시리즈-4

알프스 트레킹-1

몽블랑 산군

허긍열

낙동강변 성주에서 태어나 자연을 벗하며 자랐다. 고교시절 암벽등반을 시작해 1986년 20대 초반에 네팔 히말라야의 참랑(7,319m)을 등정했다. 1990년 알프스에서 여러 북벽들을 오르면서 알프스와 끊을 수 없는 인연을 맺어 지금까지 이어가고 있다.
1993년 인도 가왈 히말라야의 탈레이사가르 북벽, 1996년 알래스카의 데날리(맥킨리) 남벽, 1997년 파키스탄의 가셔브롬 4봉 등을 등반하였다. 그후 더 마음을 끄는 알프스를 찾아 매년 침봉들을 오르다가 2001년부터 고향을 떠나 알피니즘의 메카 샤모니 몽블랑에 머물고 있다.
저서로는 자신이 알프스에 매혹된 이야기를 담은 자전적 등반기 <몽블랑 익스프레스>와 <해골바위>, 알프스에서의 생활을 그린 <알프스에서 온 엽서>와 등반안내서 <알프스 알파인 등반-1, 2권>이 있으며, 필름 사진집 <알프스 수평파노라마의 세계-1>, <알프스 수직파노라마의 세계-1>가 있다.
또한 < 창가방 그 빛나는 벽>, <세비지 아레나>, <위험의 저편에>, <왜 산에 오르지> 등의 번역서가 있다.
현재 www.goalps.com 과 http://cafe.daum.net /GOALPS 등을 통해 알프스에 대한 많은 정보를 제공하고 있다.

알프스 시리즈 - 4
알프스 트레킹-1(몽블랑 산군)

초판(1000부) 1쇄 : 2012년 10월 20일

짓고 펴낸이 | 허긍열
대표 편집인 | 박정우
다듬은 이 | 장정미
펴낸 곳 | 도서출판 몽블랑
출판등록 | 2012년 3월 28일 제 2012-000013호
대구광역시 수성구 교학로 11길 46번지
www.goalps.com
http://cafe.daum.net/GOALPS
vallot@naver.com

값 / 22,000원

ISBN 978-89-968755-4-3
ISBN 978-89-968755-2-9 (세트)

이 책에 실린 모든 사진들은 10년 전부터 사용했던 디카 소니 사이버샷, F828, R1, 캐논 5D 2대(하나는 1000미터 추락사), 파나소닉 LX5, 핫셀브라드 XPan으로 찍었다.

목차

서두 - 알프스를 걸으며
1-에귀 루즈(락 블랑) - 16
2-에귀 루즈(브레방 남측 언덕) - 42
3-에귀 루즈(플레제르-브레방) - 72
4-노르 발콩(플랑데귀-몽탕베르) - 90
5-메르 더 그라스 발콩 - 118
6-메르 더 그라스 앙베르 산장 - 148
7-발므 고개 - 166
8-세르보의 알파인 호수 - 214
9-앙테른 호수 - 228
10-살렝통 고개-240
11-물의 계곡, 에모송 댐 - 254
12-몽블랑 남측(발 페레) - 276
13-몽블랑 남측(발 베니) - 294
14-몽블랑 일주 - 312
15-빙하 트레킹-발레 브랑쉬 설원 - 340
16-빙하 트레킹-투르, 트리앙 빙하 - 362
17-기타 정보 - 370

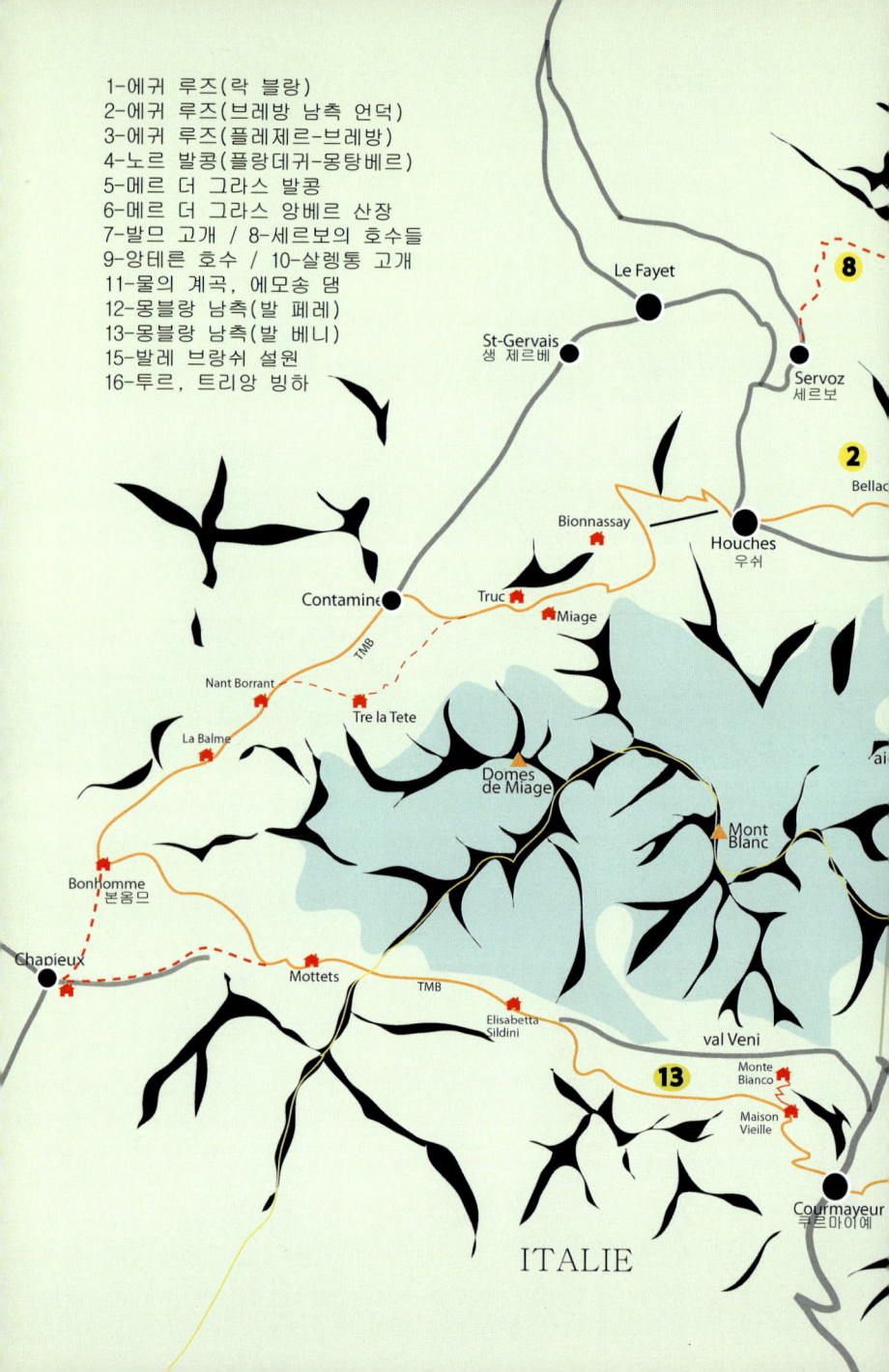

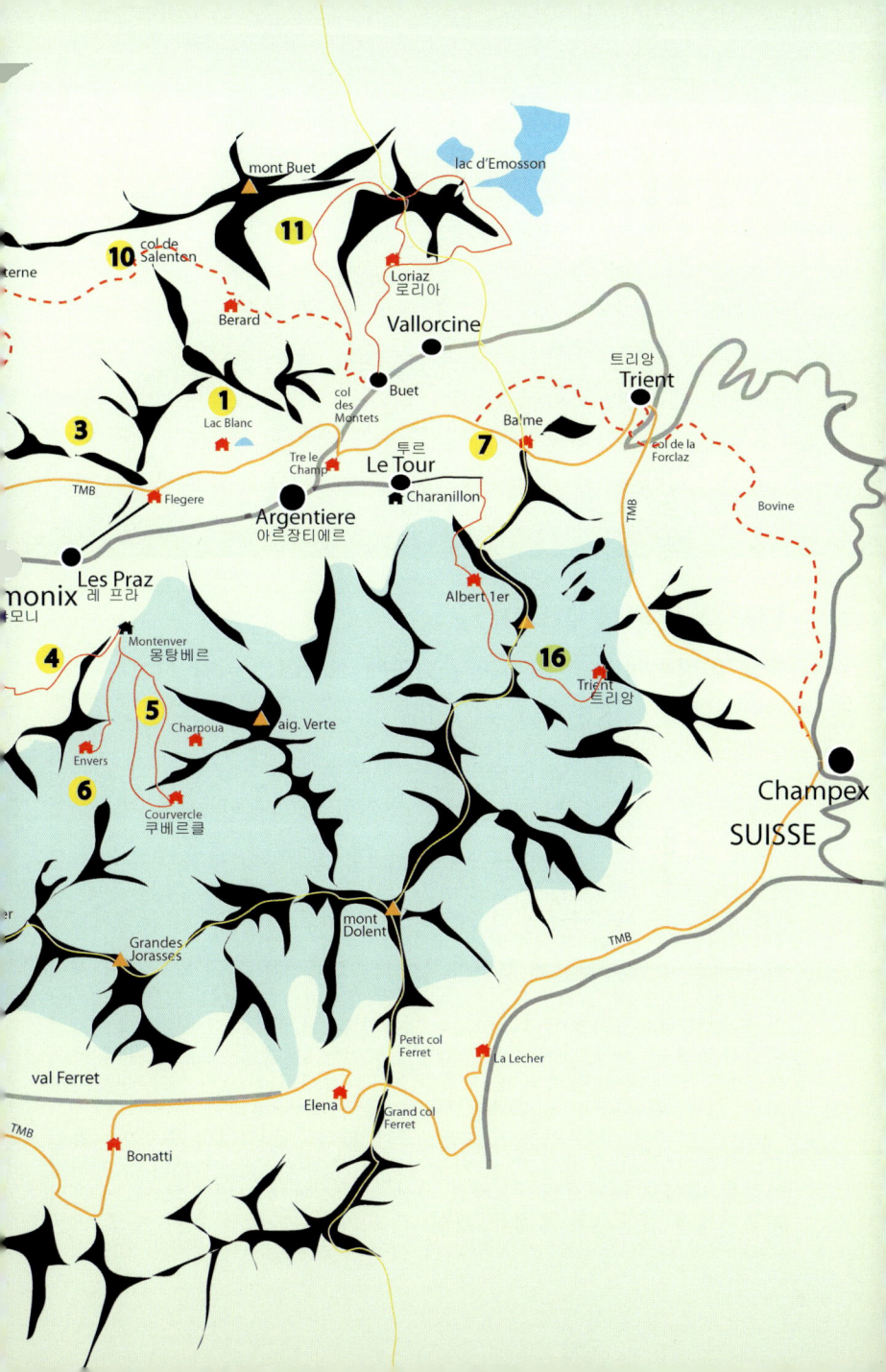

알프스 산록을 걸으며
몽블랑 자락에 남긴 발자취와 그곳에 사로잡힌 나의 시선

 저 푸른 초원 위에 그림 같은 집을 짓고 사랑하는 우리 님과 한 백 년 살고 싶네, 라는 노랫말이 있다. 나뿐 아닐 것이다. 위의 노랫말을 들으며 상상하는 저 푸른 초원과 그림 같은 집의 풍경은 아마도 달력에서 종종 보아온 이곳 알프스의 알파인 산록과 아름다운 통나무집들이 아닐까 싶다.
 내가 살고 있는 곳은 유럽 알프스 최고봉 몽블랑의 북서 자락에 위치한 샤모니다. 행정구역상 공식명칭은 샤모니 몽블랑이다. 상주인구 약 1만 명의 산악도시 샤모니는 아마도 많은 이들이 알고 있듯, 알피니즘의 메카로서 제1회 동계올림픽 개최지이기도 하다. 해발 1,030m 고지의 상쾌한 공기를 마음껏 들이킬 수 있는 샤모니는 세계 각지에서 수많은 알피니스트와 스키어들이 모여들고 있으며, 그 보다 많은 수의 일반관광객들이 끊임없이 다녀가는 그야말로 세계적인 산악 휴양도시이다. 몽블랑을 가장 가까이서 조망할 수 있는 해발 3,842m 고지의 에귀 뒤 미디 전망대에 올랐다가 점심만 먹고 이태리나 프랑스의 대도시로 떠날 수 있어 한국의 일반관광객들도 꽤나 찾는 곳이다.
 1990년 여름에 나는 처음으로 알프스에 왔다. 당시 대학 졸업반이었는데, 사회인이 되기 전에 멋진 학창시절의 추억을 만들어 보고파 마지막 학기의 수업도 빼먹으면서 3개월 이상 알프스에서 지냈다. 20대 중반의 젊은이에게 알프스의 풍광은 환상 그 자체였다. 당시 내가 주로 머문 곳은 지금도 지내고 있는 프랑스의 샤모니 몽블랑이다. 물론 알프스의

 이름난 북벽과 벽들을 찾아 그린델발트나 체르마트 혹은 돌로미테에도 가봤지만 이곳 샤모니를 기점으로 그곳에 다녀왔을 뿐이다. 당시 나는 알프스산군 중 몽블랑 산군이 가장 마음에 들었다. 그래서 10년 후, 내가 알프스에 본격적으로 와 머물고 있는 곳도 샤모니 몽블랑이다.
 처음 이곳에 왔을 때부터 20년이라는 세월이 지나는 동안 나에게도 많은 변화가 있었다. 나는 고교시절부터 등산의 세계에 빠져들어 20대 초반에 이미 히말라야의 한 봉우리를 오르면서 그 이후로 골수산악인이 되었다. 사회인이 된 후에 두 달 휴가를 내 히말라야 원정등반을 다녀오기도 했지만, 어렵게 시간을 낸 원정에서 제대로 등반을 못한 탓에 만년설산에 대한 그리움은 더해 가기만했다. 또 다른 흰 산을 향한 꿈을 이루고 싶어 미련 없이 회사에 사표를 내고 하얀 산을 향해 떠나기도 했다. 이번에는 알래스카 쪽이었다. 혹독한 등반이었다. 3,000m 높이의 벽을 오르기 위해 1주일분의 식량을 준비해 갔지만 악천후로 인해 벽에서 2주일간 지체하며 겨우 생환해 돌아왔다. 심한 동상으로 발가락 한 개를 절단하는 대가를 치르기도 했다.
 그 후 직장을 옮겨 다니면서 몇 번 더 흰 산으로 향했지만 이곳 알프스를 잊을 수가 없었다. 8년 만에 알프스를 다시 찾고 4년 동안 해마다 이곳으로 돌아왔다. 강력한 무언가가 나를 잡아끌었다. 그래서 2001년부터 아예 샤모니 몽블랑에 와서 지내고 있다. 이곳에 와 있기는 하지만 이곳보다 편안하고 좋으면서 아름다운 산이 어딘가에 또 있으리라는 희망도 버리지 않고 있다. 그러나 이제껏 내가 다녀본 세계 어느 산악지역도 몽블랑 산군만큼 편안하게 다가오는 곳은 없었다.

 알피니스트인 나는 알프스의 화강암 침봉과 눈 덮인 봉우리 그리고 빙벽들을 즐겨 오른다. 하지만 나는 알프스의 산록을 걷는 것도 좋아한다. 삶에 있어 어느 정도의 긴장감은 필요하지만 힘들고 위험한 등반으로 인한 스트레스가 나에게도 적지 않다. 아름답고 푸근한 알프스의 산록을 걸으면 극한 등반에서와는 다른 기쁨을 느낀다.
 이 책에는 내가 즐겨 찾는 트레킹 코스들을 소개하였다. 수십 번도 더 가 봤지만 갈 때 마다 새로운 즐거움을 주는 곳들도 많건만 오랜 시간 이곳에서 지내다 보니 내 감수성도 많이 무뎌졌다. 많은 여행 작가들이 알프스와 몽블랑 산군을 둘러보고 그 아름다움을 소개했다. 비록 주마간산격일망정 그들의 표현은 부족함이 없는데 오히려 이곳에서 지내고 있는 내가 알프스의 아름다움에 무뎌져 좋은 곳을 마주해도 쉽게 감탄사가 나오지 않는다. 이 책을 내면서 나의 둔해진 감수성이 다시 살아나기를 바라면서 사진을 간추리고 컴퓨터 자판을 두드렸다.
 알프스 자락에 둥지를 틀면서 내 생활에도 많은 변화가 생겼다. 그 중 가장 큰 것은 세상과 멀어지고 자연과 아주 가까워진 것이다. 사회적 지위나 돈, 명예로부터 조금은 초연해져야만 산을 있는 그대로 느낄 수 있고 삶도 가벼워진다. 알프스 산록에서 지내면서 그런 부분은 덤으로 얻은 것 같다. 이곳은 마을만 벗어나면 숲과 알파인 초원이 펼쳐져 있다. 그 위로 만년설을 이고 있는 침봉이며 빙하들이 즐비해 언제 어느때든 산책이나 등반을 즐길 수 있다. 이른 아침 숲속의 산책

 길에서 만나게 되는 이슬 맺힌 야생화의 아름다움이나 천진한 산양과 마모트의 귀여움은 이곳 생활이 안겨주는 큰 선물이다. 그리고 천지간에 말동무 한 명 없이 알파인 초원과 만년설 빙하 위를 홀로 걷다보면 눈이 시릴 정도의 푸른 하늘과 청량한 아침 공기가 친구 이상의 기쁨이 되어 나를 가득 채운다.
 한편 이곳의 겨울은 길다. 반년 간 이어지는 겨울철 산행에 스키는 필수적이다. 스키를 타고 만년설의 설원을 달리다 보면 등산과는 또 다른 희열을 느낀다. 아침에 산으로 가 3,000~4,000m 대의 만년설산에서 가벼운 등반이나 산악스키 등을 하고 곧장 마을로 내려와 점심을 맛있게 먹고, 오후에 일상적인 생활을 할 수 있는 곳은 이 지구상에 많지 않을 것이다. 산악스키를 이용하면 짧은 시간에 산을 보다 폭 넓고 편하게 만날 수 있으니 알파인 지대에서의 활동에 무척 도움이 된다. 여름철에는 트래킹이나 등반 외에도 산악자전거를 탈 수 있으니 활동적인 기질의 나에게 알프스는 사계절 다 만족스럽기만 하다.
 이곳에 와서 본격적으로 시작한 사진 작업에도 알프스는 멋진 배경이 되어주고 있다. 드넓게 펼쳐진 초원과 야생화, 에메랄드 빛 알파인 호수, 그곳에 비친 침봉과 만년설 그리고 이들을 배경으로 한 인간 활동들은 나의 사진 작업에 좋은 소재를 제공해준다.
 내가 맨 처음 찍어 본 카메라는 올림프스 반자동 카메라였다. 필름이 반으로 나뉘어 찍히기 때문에 저렴하게 많이 찍을 수 있었다. 그래서

중고등학교 때 친구들과 놀러가거나 수학여행에서 종종 사진관에서 빌려 사용하곤 했다. 이후 내가 소유한 최초의 카메라는 니콘의 플라스틱 자동 카메라였는데 1986년 네팔 히말라야 원정 때 가지고 갔다. 등반에 필요해 싼 값에 구입해 썼는데 원정 후 애착을 가지지 않아 어느새 사라져 버렸다. 그 다음 카메라는 니콘 FM2였다. 추위에 강하고 튼튼하다는 말을 듣고 택한 것이다. 이것은 인도 히말라야, 알래스카, 카라코람으로의 원정등반에서 요긴하게 쓰였으며 그 후로 알프스 등반에서도 사용되었다. 알프스에 본격적으로 와서 지내면서 좀 더 나은 필름 카메라를 구입해 쓰고 있으며 디지털 카메라도 사용하고 있다. 디카는 이제껏 여섯 번이나 바꿔 사용하고 있다. 알파인 지대에 등반하러 갈 때, 등반의 난이도에 따라 다르지만 주로 카메라를 두 대 정도 가지고 다닌다. 트레킹 할 때는 3대도 지니고 다닌다. 이렇듯 이제 카메라는 나와는 뗄 수 없는 관계가 되어 버렸다.

산과 가까이 지내는 생활을 하다 보면 날씨에 민감해지기 마련이다. 한밤중에 산장 문을 열고 나와 기온을 느끼고 바람의 세기를 가늠하며 다음날의 운행에 대비한다. 이때 마주치는 칠흑 같은 밤하늘에 펼쳐진 은하수의 아름다움은 말로 표현할 수 없을 정도다. 알파인 등반을 하거나 사진 작업을 하다보면 새벽 일찍 움직이는 경우가 많다. 이 얼마나 행복한 순간인가. 곧 있으면 태양이 대지를 박차고 오르는 광경

을 지켜볼 수 있다는 기대감이 있어 암흑의 어둠이 결코 꺼려지지 않는다. 해가 뜨는 일에 아무 도움도 되지 못하는 나이지만 태양이 뜨는 현장에 있다는 사실만으로도 대단한 영광이요, 이 지구별의 충실한 일원임을 뿌듯하게 느끼곤 한다.

여러 해 동안 나는 눈보라와 폭풍우의 관찰자로서 내 직무에 충실하려 했다. 물론 가끔은 대자연의 가장 난폭한 폭풍설에 대항할 때도 있었다. 맞섰다기보다는 폭풍설의 현장에서 대피한 경우가 더 많다. 오늘날처럼 일기예보가 발달한 경우에는 폭풍설과 마주치게 되는 경우가 차츰 드물어지지만 가끔은 우리에게 그러한 야성의 강장제도 필요하다. 산의 이런 따끔한 매질 또한 나에게는 값진 선물이다.

게다가 이곳 산자락에는 마음껏 채취할 수 있는 산딸기나 마가목 열매, 밀티유(알파인 지대에 자생하는 블루베리), 버섯이며 각종 산나물이 계절 따라 많이 난다. 물론 내가 그런 자연의 산물에 큰 욕심을 내지는 않지만 가끔 그런 자연의 맛으로 행복을 느낀다.

그렇다고 내 생활이 늘 자유롭고 행복하지는 않다. 몇날 며칠씩 폭풍설과 비바람으로 꼼짝 못할 때는 기나 긴 겨울이 끝나지 않을 것 같아 답답함을 이기기 힘들 때도 있다. 미래나 노후생활에 대한 불안으로 가끔씩 초조할 때도 있다. 소낙비를 피하기 위해 우산을 준비해 다닐 필요는 있겠지만 미리 우산을 펴고 다니거나 몇 개씩 준비해 다닐 필요

산장 앞에 서 있는 아이를 찍었는데, 창문에 비친 나의 모습도 찍혀 있다. 사진작업이 남을 찍는 것 이기도 하지만 나를 기록하기도 한다.

는 없다는 생각으로 마음을 다스린다. 게다가 언제 올지 모르는 소나기를 피한답시고 아예 집 밖으로 나가지 않는 삶을 살 수는 없다. 이곳 생활에서는 과욕만 부리지 않으면 건강을 해치는 일은 드물다. 더 체력을 키우려는 노력보다는 현 상태의 건강을 유지하기만 해도 미래에 대한 든든한 저축이다. 물론 경제적으로도 남들과 비슷한 수준을 유지하면 좋겠지만 대부분의 경우 자신보다 나은 이들을 기준으로 삼는 탓에 불만과 불안이 생긴다고 본다. 불편치 않을 정도의 경제생활만 유지하고 나머지 시간과 노력은 자유로운 삶에 투자하면서 살아가는 것에 가치를 두고 싶다.

 비현실적이고 경제성도 없는 나의 이곳 산악활동이 그다지 효율적이지 않을 수도 있다. 그저 나 좋아 이리저리 쏘다니고 열심히 사진을 찍어댈 뿐이지만 다소 늦게나마 나의 길을 찾아 만족스럽다. 그리고 아

마주어적이기 때문에 내 삶에 더 큰 기대감이 생긴다. 내가 언제까지 몽블랑 자락에서 지내게 될지 모르겠지만 과거와 미래가 영원히 만나는 현재의 이 순간을 낙원이라 여기며 충실하고 유쾌하게 살 생각이다.
 이곳에서 지낸 지난 10여 년간 갈 곳이 산 밖에 없었건 산에만 가고 싶었건 알프스의 비밀을 다 알고 싶었건, 어느 누구보다 더 알프스의 구석구석을 누비고 다닌 내 발걸음의 기록을 이제야 책으로 엮었다. 트레킹으로 알프스의 속살을 다 볼 수는 없다. 그렇지만 내 발자국으로 엮은 이 책이 만년설산과 빙하 그리고 알파인 호수와 넓은 초원처럼 가슴을 틔워주는 풍경 속으로 보다 쉽게 들어가도록 안내해주는 길잡이가 되기를 바란다. 트레킹 정보 뿐 아니라 알프스를 걸으면서 내 시선을 빼앗았던 빼어난 전망과 기쁨까지 독자들에게 전해지기를 바라는 마음 간절하다.

1-아름다운 알파인 호수들
락 블랑과 주변 호수들

  23km 길이의 샤모니 계곡을 사이에 두고 북서쪽에 몽블랑 산군을 마주 보며 위치한 에귀 루즈(Aig. Rouges) 산군은 최고봉의 높이가 채 3,000m가 되지 않는다. 하지만 국립자연보호구역으로 지정될 만큼 각종 동식물과 빼어난 경관으로 유명하다. 더구나 2,000m 이상에 위치한 크고 작은 알파인 호수들에서 조망할 수 있는 몽블랑 산군의 파노라마 풍경은 산악미의 극치를 이룬다. 빙하와 눈이 녹아 형성된 알파인 호수들은 대게 2,000m가 넘는 고지에 위치해 있다. 부유물이 없는 깨끗한 수질 탓에 알파인 호수들이 발하는 에메랄드빛은 더없이 아름답다. 이러한 알파인 호수들이 긴긴 겨울잠에서 깨어나는 시기는 6월 중순부터다. 그리고 10월 말만 되면 다시 얼어붙기 시작해 눈이 쌓이면서 긴 겨울잠에 빠져든다. 락 블랑과 그 주변 호수들도 마찬가지다.
  락 블랑(Lac Blanc)은 말 그대로 '하얀 호수'이다. 호수면에 비춰지는 몽블랑 산군의 만년설 봉우리들이 백설의 풍경이기 때문이리라. 나는 1년에 두세 번은 이곳을 찾는다. 온통 눈으로 뒤덮인 진짜 하얀 호수가 되는 겨울철에는 산악스키로 찾는다. 그때가 그해 첫 방문이다. 얼어붙은 호수에 눈이 몇 미터씩 쌓이기에 호수의 형태는 알아볼 수 없다. 편편한 호수 위 설원을 스키로 지치며 걸을 때의 기분은 한여름 짙푸른 호수를 보며 느끼던 감흥과는 다르다. 그다음 이 모든 눈들이 녹기 시작하는 알파인 지대의 봄철인 6월에 찾는다. 이때는 호수의 얼음이 반 즈음 녹을 때다. 호수에 흰 얼음이 두둥실 떠있는 모습은 또 다른 아름다움이다. 6월말~7월

초의 이 시기는 마침 2,000m 지대의 알파인 산록에 알프스의 장미 알펜로제가 지천으로 피어나는 시기다. 나는 날씨가 개기만 하면 카메라를 들고 이곳을 찾곤 한다.

마지막으로 한두 번 더 찾을 때는 호수의 얼음이 다 녹는 7월 중순부터다. 한여름이 이어지는 8월 중순까지는 많은 관광객이 이 호수들을 찾는다. 물론 하이라이트인 락 블랑을 주로 찾지만 그 아래의 세서리 호수들(Lacs des Cheserys)도 많이들 좋아한다. 나는 크고 작은 호수들이 모여 있는 세서리 호수들을 더 좋아한다. 산행로에서 한적하게 떨어져 있는 숨은 호수들을 찾아보는 즐거움 때문이다. 한여름의 알파인 호수들은 에메랄드빛을 띠어 땀 흘린 트레커들에게 더없는 시원함을 안겨준다.

9월에 접어들면 관광객들이 뜸해지고 호수 주변이 한산해진다. 가끔은 이른 눈이 호수 주변에 내리기도 한다. 아직도 내가 이 호수를 배경으로 얻지 못한 사진이 한 장 있다. 바로 호수 주변에 눈이 내린 가운데, 호수 수면에 비춰진 몽블랑 산군의 아름다움이다. 호수가 얼지 않은 상황에서 우선은 눈이 내려야 하고 멋진 저녁놀이 펼쳐져야 한다. 바로 이 기회까지는 포착했다. 하지만 그날따라 유독 바람이 심하게 불어 물결치는 호수 수면에 도저히 몽블랑 산군의 아름다움이 담기지 않았다. 요즘도 8월 말부터 한 달간은 혹 2,000m 대에 눈이 내린다는 일기예보에 귀를 기울이곤 한다. 하지만 그런 절호의 순간은 좀체 맞이할 수 없을 것 같다. 그래도 언젠가는 나에게도 그런 기회가 있으리라 믿는다.

 산정호수들을 보며 종종 상념에 빠지곤 한다. 호수에 비춰보는 샤모니의 침봉과 '하얀 산' 몽블랑의 아름다움 때문에 정작 내 자신의 진정한 모습은 비춰보지 못했음을 깨닫는다. 호수에 거꾸로 솟아 있는 바로 저 침봉과 봉우리들을 오르기 위해 진정 내가 이곳 알프스에 와 있단 말인가. 세상에는 이곳 알프스의 무수한 벽들과 봉우리들 외에도 오를 곳은 많고 많다. 하지만 아직껏 나에겐 이곳보다 나은 곳은 없다. 솔직히 이곳 알프스는 등반이 위험하다거나 자연을 보호한다고 입산을 통제하지 않는다. 히말라야 쪽 지역에 비해 접근이 편하고 심지어 입산료를 지불한다거나 복잡한 행정절차를 밟는 번거로움도 없이 홀가분하게 산에 오를 수 있다. 알프스에서는 자신의 능력에 맞는 난이도의 산행과 등반을 얼마든 즐길 수 있다. 더구나 이처럼 아름다운 산정호수들을 언제나 찾을 수 있다.
 내가 알파인 호수들을 자주 찾는 이유 중 하나는 야생동물들 그 중에서 특히 산양들을 만날 기회가 많기 때문이다. 이곳서 종종 대면하는 이들은 야생염소 부크텡과 야생사슴 샤모다. 부크텡은 샤모아에 비해 훨씬 덩치가 큰 편으로 녀석들은 사람을 보고도 좀체 도망을 가지 않는다. 카메라를 든 나에게는 더없이 좋은 피사체다. 물론 충분한 시간과 거리를 두고 천천히 다가가야만 녀석을 보다 가까이서 촬영할 수 있다. 산양들의 우아한 뿔 너머 펼쳐지는 몽블랑 산군의 침봉과 빙하들의 파노라마는 한 폭의 그림처럼 평화롭다.
 산양들 외에도 마모트라는 설치류가 있다. 두더지과의 이 녀석은 인기척

2,000m 지대의 알파인 호수들은 6월 중순부터 긴긴 겨울잠에서 깨어난다.

아침햇살에 깨어난 산양. 저 멀리 메르 더 그라스가 보인다.

산양과에 속하는 부크텡

6월 말경, 눈이 채 녹지 않았을 때의 락 블랑.
안쪽 호수의 모서리 부분이다.

한여름, 락 블랑에 비친 몽블랑 산군의 파노라마,
바람이 자 물결이 일지 않는 순간을 만나기란 쉽지 않다.

만 느껴도 불이 나게 흙구덩이 속 은신처로 숨어든다. 망원렌즈가 없으면 좀체 녀석의 모습을 담을 수 없다. 여하튼 산양을 찍을 때 나는 서두르지 않는다. 조금 멀리 떨어져 카메라를 들이댄다. 그렇게 나와 산양은 서로 눈치를 본다. 갑작스런 접근으로 녀석이 겁먹지 않게 조심하며 다가간다. 가끔은 샤터 소리가 녀석에게 겁을 주어 도망치게도 하지만 충분한 시간을 두며 조금씩 거리를 좁히면 나의 피사체와도 가까워질 수 있다. 인간관계도 이와 비슷하지 않던가. 산양이 사람 즉, 나의 냄새를 맡고 내 카메라의 샤터 소리에 익숙해지면 녀석은 마음을 열고 안심한 채 풀을 뜯는다. 좀체 망원렌즈를 사용하지 않는 나에게는 그만큼 더 공을 들인다. 녀석을 알프스의 풍광을 배경으로 카메라의 프레임 속에 배치시키는 바로 이 순간의 즐거움과 기대감은 풍경속의 봉우리들을 오를 때와는 또 다른 기쁨을 안겨준다.

산행기

 알프스 산행에서 새벽산행은 기본이다. 새벽 3시 반에 일어나 곧장 샤모니를 떠나 헤드랜턴을 켠 채 어두운 전나무 숲길을 지나 '꽃의 집' 라 플로리아(La Floria, 1,337m)에 이른다. 각종 꽃들로 아름답게 꾸며놓은 산장식 레스토랑의 숲속으로 툭 불거져 나온 테라스식 마당에서 커피를 마시며 샤모니 계곡 및 건너편의 몽블랑 산군을 바라보는 전망이 일품이다. 잠

알프스의 산양 샤모아를 찍을 때면 녀석과 충분한 시간적 공간적 거리를 두고 천천히 다가간다.

눈 덮인 호숫가를 거닐고 있는데, 갑자기 구름이 걷히며 침봉이 보인다.

시 땀을 식힌다. 짙은 구름 아래의 샤모니 계곡에는 가로등 불빛 외에는 아직 불빛이 드물다. 샌드위치 한 조각을 먹고 2,000m가 채 되지 않는 플레제르(La Flegere 1877m) 전망대까지 이어진 숲길을 오른다. '꽃의 언덕'이란 뜻이 있는 플레제르에 다 가서야 날이 밝아온다. 아무도 없는 조용한 전망 테라스에서 쉬며 아침으로 준비한 샌드위치를 먹는다. 구름이 짙어 일출의 장관은 기대할 수 없다. 이곳서 맞이하는 몽블랑 산군의 침봉들 위로 불끈 솟아오르는 태양의 모습이 제법이건만, 오늘은 못 만날 것 같다. 땀이 식어 차가워진 몸을 움츠리며 배낭을 멘다. 스키장 슬로프를 벗어나 북동쪽으로 이어지는 완만한 길을 따라 걷는다. 이제부터 키 작은 나무들뿐이다. 2,000m가 넘은 탓이다. '꽃의 언덕'이라는 플레제르 주변은 시즌이 일러 몇몇 야생화들을 제외하고는 아직 피어나지 않았다. 알프스의 장미 알펜로제도 붉은 꽃망울을 피우려면 7월초까지 적어도 2주는 더 있어야 한다. 한 시간을 못 걸어 폭포 아래 작은 나무다리를 지나 개울을 건넌다. 주변을 에워싼 안개 때문에 폭포는 보이지 않고 물소리만 요란하다. 한 여름이면 이곳서 땀을 씻기 안성맞춤이다.

이제 제법 가파른 길을 걸어 오른다. 작은 알파인 오두막을 지난 길은 계속해서 북동쪽으로 이어진다. 또다시 한 시간을 걸으니 큰 돌탑이 솟아있는 갈림길이다. 아르장티에르(Argentiere) 마을에서 올라오는 길과 만나고 락 블랑까지 곧장 이어지는 삼거리다. 우선 또 다른 알파인 호수들을 둘러보기 위해 큰 길에서 벗어난다. 숨은 세서리 호수들(Lacs des Cheserys)을 둘러보기 위해서다. 일반인들에게 널리 알려진 락 블랑(Lac

Blanc 2352m)으로 이어지는 주요 등산로에서 보이지 않기에 한적하고 고적한 아름다움을 품고 있는 알파인 호수들이다.
 주등산로에서 벗어나 한동안 눈밭 길을 걷는다. 이렇게 설사면이 이어지면 호수도 녹지 않았을 가능성이 많은데 역시 첫 번째 호수(2,133m)는 거의 다 얼어 있고 가장자리 쪽만 조금 녹아 있다. 그러면 고도가 높은 곳에 있는 다른 호수들도 마찬가지이리라. 두 번째 호수 역시 가장자리 쪽만 조금 녹아 있다. 그래도 아름답다. 짙은 구름 아래지만 얼음이 녹은 가장자리부분은 에메랄드빛이다. 그러한 색깔과 더불어 얼음이 다양한 모습으로 녹고 있는 자연스런 굴곡이 보기 좋다. 이렇게 각 호수들을 둘러보며 다섯째 호수까지 오른다. 처음 두 번째 호수까지는 한여름에 가물 때면 마르는데 셋째 이후의 호수들은 보다 크고 깊어 웬만큼 가물어도 마르지 않는다. 이제 다섯 번째 호수를 지나 락 블랑으로 이어지는 주 등산로에 접어든다.
 작은 언덕을 지날 즈음, 길 바로 옆에 산양 두 마리가 놀고 있다. 녀석들은 2m 앞까지 다가가도 느긋하다. 덩치가 큰 부크텡(Bouquetin)이란 놈은 좀체 사람을 무서워하지 않는다. 보다 작은 샤모아(Chamois)란 놈은 사람만 보면 도망치는데 비해 부크텡은 덩치 값을 하는 모양이다. 이제 락 세서리의 마지막 호수(2,211m)인 여섯 번째에 이른다. 다른 호수에 비해 몽블랑 산군을 가장 조망하기 좋은 호수다. 하지만 짙게 드리워진 구름에 아무것도 보이지 않는다. 호수 주변의 가장자리를 타고 녹은 물줄기가 푸른빛을 띤다. 맑은 날이면 더 짙은 색을 띠는데, 아쉽다.
 아침 10시가 넘어서자 고도를 높인 해의 열기에 그동안 꼼짝도 않던 구

눈 덮인 락 블랑의 옛 산장 뒤로 에귀 베르트가 솟아 있다.

락 블랑으로 오르는 통나무 계단 길. 그 너머로 샤모니의 침봉들이 보인다.

름들이 상승하기 시작한다. 그 덕에 구름 사이로 계곡 건너편의 침봉들이 얼핏 보이기 시작한다. 감질나게 잠깐씩 보여주는 몽블랑 산군의 장관을 즐긴다.

이제 락 블랑으로 향한다. 산장 뒤편으로 이어진 설사면을 따라 오른다. 철사다리가 설치된 주등산로에 눈이 덮여 있기 때문이다. 등에 땀이 맺힐 즈음 산장에 이른다. 산장 바로 남쪽의 락 블랑 호수는 눈밭 그대로다. 이른 시즌이라 사람들은 많지 않다. '하얀 호수'란 의미의 락 블랑은 말 그대로 사방이 하얀 눈으로 덮여 있다. 뒤편의 보다 큰 호수도 둘러본다. 아직 설사면 곳곳에 스키자국이 있다. 이곳서 다르 고개(Col de Dard 2,790m)나 벨브드르 고개(Col du Belvedere 2,780m)까지 산악스키어들이 즐겨 찾기 때문이다. 잠시 쉰 후, 하산을 서두른다. 호수 옆 돌탑에서 저 멀리 구름 아래로 흘러내리는 메르 더 그라스가 보인다. 이제 여름시즌이 시작되어 빙하가 옮기고 있는 바위들이 드러나 빙하 하단부는 거무스름하기까지 하다. 마침 주말이라 몇몇 트레커들이 플레제르에서 올라오고 있다. 그들 뒤로 펼쳐진 몽블랑 산군의 파노라마를 즐기며 샤모니까지 긴긴 하산길에 접어든다.

7월에 다시 찾은 호수들

날이 좋을 때 꼭 다시 찾는다 하고선 좀체 기회가 없었다. 그러다보니 7월 말이 다 되어서야 시간이 났다. 이번에는 새벽에 전나무 숲을 걸어 오르는

몽블랑 일주 산악마라톤을 준비하는 이들 뒤로 몽블랑 산군이 보인다. 길가의 알펜로제도 피어나기 시작했다.

대신 플레제르까지 케이블카를 이용하기로 했다. 아침 7시 40분의 첫 케이블카를 타고 오른 '꽃의 언덕' 플레제르에는 시즌이라 많은 트레커들이 보인다. 그들도 대부분 락 블랑에 다녀올 모양이다. 지난번과는 달리 날씨가 좋아 샤모니 계곡 건너편의 몽블랑 산군이 한눈에 바라다 보인다. 산행로는 저번과 동일하다. 오솔길 양옆으로는 알프스의 장미 알펜로제가 한창 핀 후, 막 꽃잎들을 떨구고 있다. 붉은 꽃잎들이 시든 게 태반이다. 천천히 북동쪽으로 걸어 오른다. 폭포 앞 나무다리를 건넌다. 개울물에 손을 씻으며 한 숨 돌린 후, 다시 걷는다.

 저 멀리서 산양 한 마리가 쏜살같이 뛰어 오솔길을 가로지른다. 카메라를 집어 들려다가 만다. 녀석의 민첩한 몸놀림을 본 것만으로 족하다. 길 양옆 풀밭에는 노란 민들레가 만발해 있다. 혼자만의 호젓함을 즐긴다. 바람에 팔랑이는 노란 꽃망울들 너머로 샤모니의 침봉들이 펼쳐져 있다. 이렇게 눈요기를 하며 오르는데, 어린아이가 아버지와 함께 내려오고 있다. 캠핑 장비를 진 것으로 보아 락 블랑에서 자고 내려오는 모양이다. 보기 좋다. 얼마 후, 길은 아르장티에르에서 올라오는 삼거리에 이른다. 큰 언덕 하나를 올라왔기에 바람이 제법 쌀쌀하다. 조금 더 가니 두 명의 산악마라토너가 급히 지나간다. 그리고 두 명이 더 지나간다. 가만히 보니 그들은 곧 있을 몽블랑 일주 산악마라톤 코스를 답사하고 있었다. 160km에 이르는 세계적인 산악마라톤 대회가 8월 중순에 있기 때문이다.

 이제 주 등산로에서 벗어나 락 세서리의 호수들을 찾아간다. 고도가 높

7월 말에 찾은 락 세서리의 모습. 그 많던 눈과 얼음이 하나도 없다.
락 블랑 코스는 몽블랑 산군의 파노라마를 보며 걷기 좋다.

한 달 후에 찾은 락 블랑의 모습. 호숫가에 잔설만 조금 남아 있는 가운데, 많은 트레커들이 찾고 있다.

아 이곳의 알펜로제는 이제 한창 꽃을 피우고 있다. 붉게 피어난 꽃밭에 샤모아 두 마리가 놀고 있다. 조심해서 다가가니 녀석들은 슬금슬금 피하며 아침식사인지 부드러운 풀을 한입씩 베어 먹는다. 녀석들과 헤어져 호수들을 둘러본다. 한 달이란 시간은 호수뿐 아니라 주변을 많이 변하게 했다. 호수에 떠 있던 얼음은 흔적도 없었으며 호숫가의 눈밭이 푸른 풀밭으로 변해 있었다. 풀밭에는 야생화들이 활짝 피어 있다. 시간적인 여유만 있다면 사람들이 찾지 않는 이 조용한 호숫가에서 며칠 머물고 싶다. 세상만사 잊고서.

 호수들을 둘러보며 마지막 세서리 호수에 이르렀을 때다. 샤모아 두 마리가 풀도 아닌 바위를 열심히 핥고 있다. 몇 미터 앞까지 다가가도 녀석들은 겁 없이 마냥 돌 맛을 즐기고 있다. 호숫가에는 몇몇 사람들이 호수 너머로 펼쳐진 멋진 풍광을 열심히 사진기에 담고 있다. 아쉽게도 수면이 바람에 출렁거려 호수에 담기는 그림은 없다. 곧이어 작은 철계단을 지나 나무계단들을 오른다. 마침 주말이라 많은 이들이 오르내린다. 어린이와 나이 드신 분들도 꽤나 된다.

 이윽고 락 블랑이다. 이곳 또한 얼음이라곤 없다. 호숫가에 눈만 조금 남아 있을 뿐이다. 언제 보아도 멋진 풍광이다. 한 여름의 더위를 식히기에 이보다 나은 그림이 있을까. 호숫가 바위에 앉아 느긋하게 눈앞에 펼쳐진 풍경을 즐긴다. 혼자 즐기기 미안함마저 느껴진다. 하산은 오를 때와는 달리 앙덱스로 한 시간 이상 걸어 리프트를 타고 플레제르로 내려온다.

해뜰 무렵, 락 블랑 뒤로 몽블랑 산군이 깨어나고 있다. 이 알파인 호수는 사진찍기 좋은 무대이다. 6월말.

산행 정보

 애귀 루즈 산군의 알파인 호수들은 락 블랑이나 락 세서리 외에도 몇 개 더 있다. 하지만 몽블랑 산군의 파노라마와 가장 잘 어울리는 호수가 바로 이 두 호수들이다. 산행기점은 일반적으로 플레제르 전망대이다. 케이블카 요금 왕복 13유로. 이곳에서는 두 세 시간이면 호수들을 둘러볼 수 있다. 한편 스위스로 넘어가는 꼴데 몽테 고개에서 산행을 시작해도 좋다. 버스 요금은 1.5유로며 6월말부터 두 달간 운행한다. 산악열차 몽블랑 익스프레스를 타고 르 뷔에나 몽록에서 내려 20분 정도 산길을 걸어 오르면 몽테 고개에 이른다. 고개에는 애귀 루즈 자연보호구역에 대한 자연사 박물관이 있어 둘러볼만하다. 이 지역의 동식물과 광물의 표본과 사진들이 전시되어 있다.
 몽테 고개에서 산행을 시작하면 플레제르에서보다 두 시간 더 걷지만 몽블랑 산군의 파노라마를 눈앞에 두고 남쪽으로 걸어내려 오면서 호수들을 둘러보는 경치가 좋다. 약 4시간 소요된다. 호수 주변에 몇 군데 캠핑장소가 있다. 여름철이지만 2,000m 이상이라 기온차에 대비해야 한다. 또한 락 블랑 산장에 묵으며 일몰 및 일출의 장관을 즐길 수도 있다. 이곳은 알프스의 대표적인 아름다운 장소 중 한 곳이기에 성수기(6월 말~9월 초)에 산장을 이용하려면 예약 후, 찾는 게 좋다. 전화번호(0450534914/0450472449) 조석식 포함 1박 요금 약 60유로. 한편 플레제르 케이블카 역 바로 아래에도 산장(플레제르)이 있다. 락 블랑 산장에 자리가 없으면 여기서 묵어도 좋다. 전화번호(0450530613) 조석식 포함 1박 요금 약 50유로.

산행시간

몽테 고개(Col des Montets, 1461m)-락 블랑(2352m) : 3시간
플레제르-락 블랑 : 2시간 / 락 블랑-플레제르(1877m) : 1시간 15분
락 블랑-앙덱스(2385m) : 1시간 30분
플레제르-플로리아(1337m) : 1시간 / 플로리아-샤모니(1030m) : 30분

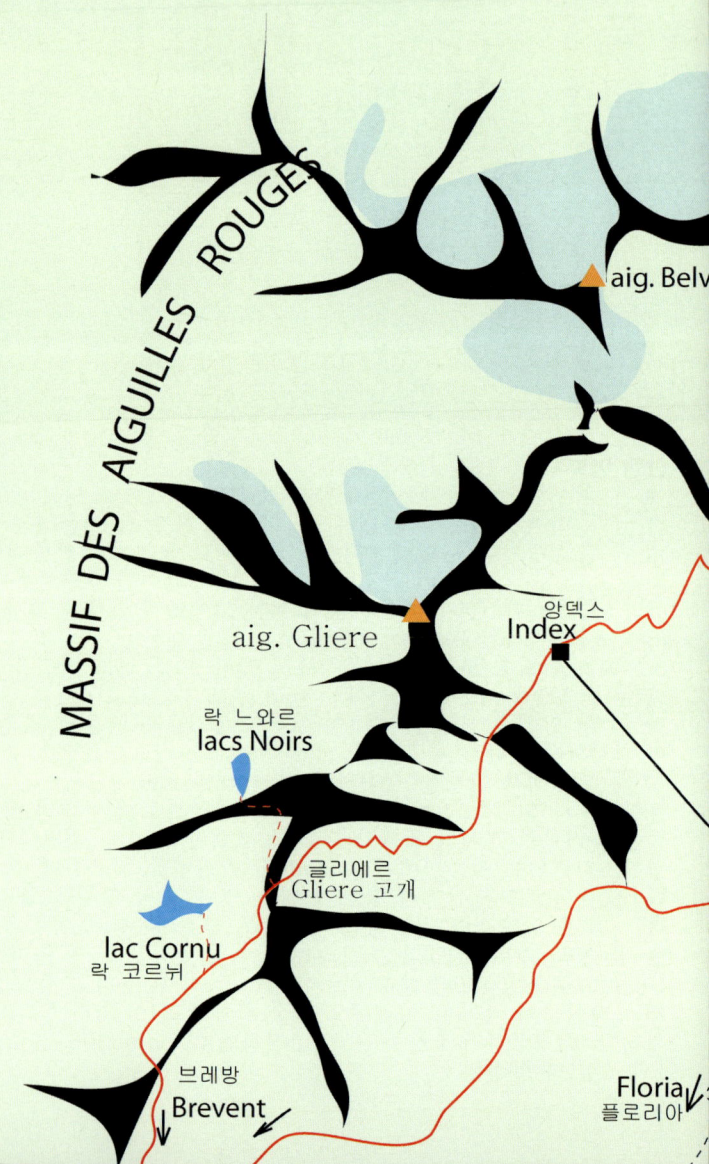

산행 및 촬영 가이드

1-락 블랑 산행을 위해 플레제르까지 케이블카를 이용할 수도 있고 샤모니에서 전나무 숲길을 걸어올라 플로리아를 거쳐 두 시간만에 닿을 수 있다.

2-세서리 호수들을 둘러보기 위해 아래쪽 길을 따라 가면 개울을 건너는 나무다리가 나타나며 세서리 오두막이 나타난다. 이 주변이 사진찍기 좋으며 운이 좋으면 산양들도 만나게 된다.

3-아르장티에르 마을과 몽테 고개에서 오는 삼거리를 지나 일반 트레일에서 벗어나 세서리 호수들을 둘러본다. 아래에서 하나씩 둘러보며 오르면 여섯 번째 호수까지 간다. 사진촬영은 여섯 번째 호수가 제일이다.

4-세서리 호수에서 20~30분 오르막을 오르면 락 블랑이다. 7월 중순 이후 호수 주변에 눈이 다 녹으면 뒤편 호수까지 둘러보면 좋다. 호수 주변 어디서든 사진 찍기 좋은 풍경이다. 이른 아침이면 산장 뒤편 언덕에서 산양들이 종종 해바라기를 하고 있다.

5-하산은 플레제르로 곧장 내리막을 따라 내려올 수도 있고 산비탈을 끼고 돌며 앙덱스로 한 시간 걸어 리프트를 타고 플레제르로 하산할 수 있다. 플레제르보다 고도가 높아 이곳서 보는 몽블랑 산군의 파노라마가 일품이다.

6-하산시 플레제르에서 샤모니를 앞에 두고 전나무 숲길을 따라 내리면 꽃의 집 플로리아에 닿는다. 한 시간이면 닿을 수 있어 산책 후 차 한잔 마시며 몽블랑 산군을 조망할 수 있다.

락 블랑 쪽 트레킹에서 종종 만나는 산양들.

찍고 또 찍고
 찍고 또 찍으면 안 넘어 갈 게 있을라구. 이 무슨 뚱딴지 같은 소리? 찍어 넘어뜨릴 님도 없는 샤모니에서, 그렇다고 곧 있을 대선투표도 하지 않을 거면서. 다름 아닌 사진 찍기에 대해서다.
 1박 2일로 락 블랑에 갔었다. 본격적인 겨울이 오기 전의 늦가을 전경을 카메라에 담기 위해서다. 하지만 2,352m 고지의 알파인 호수는 이미 겨울이나 진배가 없었다. 여름시즌에는 호수 옆 산장을 이용할 수 있지만 이미 폐쇄된 상태였다. 할 수 없이 바깥 나무벤치에서 하계용 침낭에서 떨며 밤을 보내게 되었다. 어차피 밤 전경을 찍으러 왔기에 좀 추우면 어떠냐 싶었다.
 지난번 한국방문 때 별들의 아름다움을 담기 위해 카메라 셔터 릴리즈를 구입해 왔다. 그것을 사용하고 싶었다. 일찌감치 저녁을 먹자 차츰 밤하늘에 별들이 초롱초롱 빛나기 시작했다.
이윽고 릴리즈를 이용하여 셔터를 눌러댔다. 최대한 많은 시간동안 조리개를 개방해두면서. 몽블랑 산군의 검은 형체와 그 위에서 빛나는 별들을 담기에 분주했다. 초저녁에도 찍고 한밤중에 추위에 떨며 일어나 초승달을 배경으로 또 한 시간 이상 찍고 새벽녘에도 일어나 찍었다.
 그렇게 밤새 찍고서 허탕만 친 사실을 한참 후에나 알았다. 며칠 전에야 필름을 현상해 보니 모두가 먹통이었다. 분명 무언가가 잘못되었다. 곰곰이 생각해보니 아무래도 추위에 배터리가 얼어 노출시간을 충분하게 주지 못한 게 원인이다. 이번에 못 찍어도 다음에는 분명 기회가 있겠지. 한번 찍어 안 되면 열 번인들 못 찍겠냐.
설마 열 번 찍어 넘어가지 않으면 그땐, 콱!! 카메라를……. 그러면 그럴 바엔 날 줘, 라는 친구 놈도 있을 테다.
 어쨌든 어느 누구의 말대로 내 두 눈에 담은 야경만으로 만족해야겠다. 다음번에는 산악인들이 등반시에 손을 녹이는 핫팩을 사용할 작정이다. 이것을 카메라에 동여매어서. 내 등산장비 진열장 어느 구석에 핫팩이 있었던 기억이 난다. 지난 여름 이곳에 등반 온 산악인들이 기증하고 간 것이다. 다음에는 실수하지 않을 것을 확신한다. 나만의 재미와 즐거움을 위해서가 아니다. 몽블랑 산군의 아름다운 밤을 위해.

(위 글은 2002년에 쓴 것이다. 당시 한창 사진에 재미를 붙이던 시절이었다. 당시에는 화질이 좋은 디지털 카메라가 없어 필름으로 알프스의 모습을 담았는데, 이러한 시행착오는 아무 것도 아닐 정도로 많은 필름을 소모했었다. 당시에 비하면 필름 걱정 없이 마음껏 카메라 샷터를 누르는 요즘의 디카 시대가 한없이 풍요롭고 편하다. 하지만 무언가 떨쳐버릴 수 없는 필름 카메라에 대한 향수가 있어 종종 필카를 들고 산행하고 있다.)

채 녹지 않은 수면에
침봉들이 담겨 있다.

호수에 눈이 다 녹는 한여름이면 많은 피서객들이 찾는다. 배경은 베르트와 드뤼이다.

락 세서리 옆을 지나는 트레커 너머로 알프스 3대 북벽 중 하나인 그랑드 조라스와 로쉬포르, 당 뒤 제앙이 펼쳐져 있다.

6월 말의 락 블랑. 나는 호수가
녹기 시작하는 이런 풍경이 좋다.

에귀 뒤 미디에서 본 에귀 루즈 산군

피츠 장벽
앙테른 호수
브레방
에귀 우셔
발리사 산장

알파인 초원이 아름다운
2-브레방 남측 언덕

가슴이 답답하다거나 따분할 때면 시간적, 경제적 부담 없이 훌쩍 가볼 만한 장소가 누구에게든 있을 것이다. 그것이 자신의 아늑한 골방일수도, 뒷산일수도, 강변이나 해변, 혹은 만화방이나 영화관일 수도 있다. 나에게는 샤모니 계곡의 뒷산격인 브레방(Brevent, 2,525m) 언덕이 그러하다. 브레방 언덕에서 에귀 우쉬(Aig. Houche, 2,285m)까지 약 두 시간 트레킹을 할 수 있는 알파인 산록은 내가 첫손에 꼽는 장소다. 겨울이 긴 탓에 2,000m 이상의 알파인 지대는 대개 11월부터 다음해 6월 초순까지 눈에 덮여 있다. 꽃피는 봄이 오고 여름을 나고 짧은 가을을 보내면 또다시 백설의 세계로 변하는 곳이다. 물론 나는 여름시즌뿐 아니라 눈 덮인 계절에도 자주 찾는다.

알프스의 최고봉 몽블랑(Mont Blanc, 4,810m)은 많은 빙하를 거느리고 있다. 프랑스와 이태리 국경을 이루고 있는 정상부 능선은 아래로 크고 작은 열 개의 빙하들을 품고 있다. 이 빙하들이 녹은 물이 산을 깎아 계곡을 형성하고 그 자리에 마을들이 생겨났다. 몽블랑의 북측 언저리에 위치한 계곡에 세계적인 산악휴양지 샤모니가 있다. 이 마을 뒤 숲속까지 뻗어 내리는 몽블랑의 빙하가 보송 빙하이다. 4,810m 고지에서 3,600m 표고차를 곧장 낙하하는, 알프스에서 고도차가 가장 심한 빙하이다. 이것을 바라보며 걷는 트레킹은 한여름의 알프스에서 빼놓을 수 없는 즐거움이다.

산행 시간
샤모니(1030m)-벨라샤 산장(2136m) : 2시간 30분
샤모니-메를레(1580m) : 1시간 30분
메를레-에귀 우쉬(2285m) : 2시간 / 에귀 우쉬-에귀 브레방(2305m) : 20분
에귀 브레방-벨라샤 산장 : 30분 / 벨라샤 산장-브레방 호수 : 30분
벨라샤 산장-브레방 전망대(2525m) : 40분

알파인 초원에서 풀을 뜯고 있는 양들 뒤로 몽블랑 산군이 펼쳐져 있다.

교통편
샤모니 시내에서 브레방행 케이블카를 이용하거나 벨라샤 산장 쪽으로 도보 가능.

산행정보
 브레방 남측 알파인 언덕을 트레킹하기 위한 산행기점은 물론 샤모니다. 케이블카를 이용, 브레방에 올라 산행할 수도 있지만 샤모니 시내의 가이앙 암장 뒤편 숲길을 따라 올라도 된다. 1,000m 고도를 더 올려야 하기에 두세 시간 더 산행시간을 잡으면 된다. 이 길을 택할 경우 벨라샤 산장으로 곧장 오르지 말고 메를레(Merlet) 동물공원을 거쳐 에귀 우쉬 남측 사면을 따라 오르는 편이 좋다. 알파인 언덕들을 둘러보고 벨라샤 고개와 산장을 거쳐 브레방으로 오르면 하루 산행으로 딱 좋은 트레킹 코스가 된다. 도중에 브레방 호수도 들러볼만 하다. 깊고 깨끗한 찬 호수물에 발을 담그고 쉬어봄직하다. 특히 호숫가 화강암반 위가 좋다. 물론 호수 주변에서 캠핑을 해도 된다. 여름철에는 이 호수에 낚싯대를 드리우는 이들도 종종 보게 된다. 한편 벨라샤 산장에서 하루 묵는 정취도 좋다. 샤모니 시내를 바로 내려다볼 수 있는 전망 좋은 언덕에 위치한 자그마한 산장이다. 벨라샤 산장 전화번호 : 04 50 53 43 23 / 이용요금 : 조석식 포함 1박 약 55유로 / 샤모니-브레방 왕복 케이블카 요금 : 24유로

벨라샤 산장으로 향하는 트레커들 뒤로 샤모니의 침봉들이 펼쳐져 있다.

산행기

 몽블랑과 보송 빙하를 가장 잘 조망할 수 있는 트레킹 코스를 따라가 본다. 손쉬운 방법은 샤모니 시내에서 케이블카를 타고 브레방 전망대에 오르는 것이다. 우선 프랑 프라(Plan Praz, 2,000m)까지 곤돌라를 타고 올라 케이블카로 갈아타고 브레방(Blevent, 2,525m)에 오른다. '바람이 많이 부는 언덕'이란 브레방의 말 뜻 대로 황량한 돌산인 이곳은 사방이 트여 있다. 날씨가 좋을 땐 멀리 제네바까지 보인다. 이 브레방 남쪽 건너편에 웅장하게 솟은 산이 몽블랑이다. 시간이 없다거나 하이킹을 싫어하는 이들은 전망대의 레스토랑에서 커피 한 잔만으로도 충분히 몽블랑의 위용을 실감하고 즐길 수 있다. 그러나 두세 시간이면 눈이 있고 야생화가 피어 있는 알파인 산록 위를 걸으며 만년설산을 감상할 수 있다.
 우선 돌길을 따라 10분 정도 남쪽으로 걸어내려 간다. 줄곧 몽블랑과 보송 빙하를 바라보며 걷는다. 오른편 아래 저 멀리 브레방 호수가 위치해 있다. 여기에 다녀오려면 한 시간 이상 걸린다. 시간적인 여유가 있는 분들에게 권할만한 곳이다. 2,000m 높이의 호수에서 낚시하는 사람들도 있다. 이제 돌길은 수평을 유지하며 계속 남쪽으로 이어진다. 샤모니 계곡을 발 아래에 두며 능선 길을 한동안 걷는다. 벨라샤 고개에 다다르면 풀밭이 나타난다. 트레커들도 한둘 씩 지나간다. 모두들 웃으며 인사한다.
 돌로 쌓은 이정표 케언을 지나면 다시 오르막이 이어진다. 우쉬봉(Aig.

Houche, 2,285m)까지 20분 정도 걸어 오른다. 완만한 흙 언덕이 최종 목적지다. 돌이 많은 건너편의 브레방 언덕과는 달리 이곳은 알파인 초록 잔디밭이 펼쳐져 있다. 산록의 초록색과 만년설의 하얀색이 어울린다. 나이 드신 부부 한 쌍이 도착해 땀을 식힌다. 프랑스 중서부의 대도시 리용에서 왔다는 그들은 아예 풀밭에 자리를 펴고 앉아 점심까지 차린다.

나 또한 준비해간 점심을 먹는다. 알프스의 산록에서 최고봉 몽블랑을 바라보며 먹는 맛이니 말해 무엇하랴. 조금 있으니 저 멀리 누군가가 자전거를 끌고 올라온다. 산악자전거 마니아 3명이다. 알프스의 산록에서 타는 자전거의 맛은 어떨까. 멋지다. 땀을 뻘뻘 흘리며 올라온 그들은 스웨덴에서 왔다 한다. 출발은 브레방 언덕에서 돌길을 타고 내려 다시 올라왔다고. 잠시 땀을 식힌 그들은 페달을 밟아 아래로 쏜살같이 사라진다. 그동안 옆에서 점심을 먹던 노부부가 자리를 털고 일어선다. 그들이 떠나고 나니 이 드넓은 산록에 아무도 없다. 적막감을 즐긴다. 몽블랑 자락의 빙하가 떨어져 나가는 굉음만 바람에 실려 온다. 움직이는 것은 한두 마리의 까마귀뿐이다. 이런 고요함이 알프스 하이킹에서 빼놓을 수 없는 즐거움이다. 한데 저 멀리 개미만한 크기로 누군가가 올라오고 있다. 이곳까지 올라오려면 10분은 걸리지 않을까 싶지만 그의 움직임이 빠르다. 성큼 성큼 올라오는 그가 시야에 확실히 들어온다. 이번에는 산악마라토너다. 바짝 다가온 그는 환한 웃음으로 엄지손가락을 치켜들어 보인다. 그는 언덕 위에 다다라도 쉬지 않고 계속해서 뛰어간다. 짧은 시간에 트레커와 산악자전거 마니아, 산악마라토너들이 이 언덕을 거쳐 간다. 모두들 나름대로

이 알프스를 한껏 즐기고 있는 모습이다.
 오후 4시 반의 마지막 케이블카 시간에 맞추려면 이제 브레방으로 돌아가야 한다. 물론 샤모니까지 걸어 내려갈 수도 있다. 하지만 두 시간 이상 걷는 하산 길보단 30분 땀 흘리는 오르막이 편할 터. 브레방과 우쉬봉 사이의 고개 마루에 이르니 세 명의 트레커들이 몽블랑을 바라보며 담소를 나누고 있다. 배낭을 벗어둔 그들은 시간에 쫓길 이유가 없는지 한껏 잡담을 나누고 있다. 지도를 펴들고 어디로 갈까 궁리하는 듯. 초코렛까지 권한 그들은 스페인에서 왔다고.
 그들과 작별인사 후, 한동안 오르막을 오른다. 몽블랑의 풍광을 보며 걷는데 산양 두 마리가 반긴다. 초여름이라 털갈이가 한창이다. 어린 새끼 하나를 거느린 어미는 인간을 두려워하는 기색이 아니다. 알프스의 산양들은 신기하게도 전혀 사람을 무서워하지 않는다. 동물들이 자유롭게 살아가고 있는 이 산록을 트레킹 하는 또 다른 즐거움이다.
 그들과 헤어져 마지막 오르막길을 올라 브레방 전망대에 이르니 몇몇 관광객들이 몽블랑을 배경으로 기념사진을 찍고 있다. 살짝 구름에 가려 있는 몽블랑은 너른 품으로 항상 그 자리에서 누구에게나 즐거움을 준다. 물론 저 몽블랑을 오르다 희생된 수많은 산악인들의 슬픈 애환은 빙하에 그대로 묻혀 있을 터지만 알프스의 산록을 즐기는 트레커들에게는 더없이 반가운 대상이다. 알프스를 찾아 그저 전망대에만 오를 게 아니라 몇 시간을 더 할애해 알프스의 산록을 걸어보길 권한다.

몽블랑을 등지고 본 벨라샤 고개의 가을. 9월 중순이다.

겨울철 설피 트레킹

　황량한 돌산인 브레방은 사방이 트여 있다. 그만큼 이곳에 서면 가슴이 시원하다. 브레방 전망대는 케이블카를 이용, 샤모니 시내에서 곧장 닿을 수 있다. 이곳서 에귀 우쉬 쪽으로 가는 이들은 많지 않지만 10~20분만 언덕을 내려가도 혼자만의 호젓한 시간을 즐길 수 있다. 알파인 지대에는 여전히 꽃샘추위가 남아있는 봄철에도 이 언덕에는 눈이 덮여 있다. 하늘에는 구름이 흩어지는 화창한 날, 바람도 자다. 일행과 설피를 신고 남측 언덕을 내려간다. 계속해서 내리막이기에 모두 설피의 뒤꿈치가 들리지 않게 고정시킨다. 스키 슬로프에서 벗어나 자연설 사면을 걷는다. 알프스의 최고봉을 가슴에 품으며 걷는 길이다. 급경사 구간이 몇 군데 있어 스틱을 이용해 조심해서 내려간다. 브레방 언덕의 급사면을 다 내려서서 경사가 완만한 사면에 이른다. 눈이 깊다. 다들 분설사면을 힘차게 가로지른다. 몇몇 구간은 급경사라 엉덩이를 걸치고 미끄러져 내린다. 모두 이에 재미를 붙여 웬만한 설사면에서는 엉덩이를 깔고 글리세이딩에 열중한다. 동심의 세계에는 나이란 상관없다. 모두 미끄럼놀이에 웃음꽃이 피어난다. 이제 벨라샤 고개(Col de Bel Lachat, 2,130m)에 이른다. 고도 400미터의 눈밭을 걸어 내리는데 한 시간 반이 걸렸다.
　잠시 쉬고 또 출발이다. 프왕트 더 라파(Pointe de Lapaz, 2,313m)로 향하는 오르막이다. 남서 방향으로 지그재그로 이어지던 길은 몽블랑 쪽인 남쪽으로 꺾이더니 서쪽으로 급회전 한다. 에귀 뒤 브레방(Aig. du Brevent, 2,310m) 북측 사면을 가로지르며 이어진다. 한동안 응달진 설사면을 비스듬히 따라 오른다. 다들 열심히 정상 능선에 올라선 다음 드넓은 설원을 걷는다. 초여름이면 각종 야생화들이 흐드러지게 피는 알파인 언덕이다. 라파 봉을 지나 종점인 우쉬 봉(Aig. des Houches, 2,285m)이다. 3시간 이상 걸렸다. 모두 환호성을 지르며 기뻐한다. 몽블랑 산군의 침봉들뿐 아니라 그 반대편의 산골풍경이 한눈에 들어온다. 브레방으로 다시 돌아가기 위해선 마음껏 쉬고픈 마음을 접어야 한다. 겨울철에는 해가 짧기에 케이블카가 빨리 끊긴다. 벨라샤 고개로 길게 설사면을 횡단해 내려가 브레방 언덕까지 길고도 먼 오르막길을 오른다. 전망대에서 샤모니 행 마지막 케이블카가 4시 30분에 있기에 추운 곳에서 비박할 수 없다는 생각으로 모두 열심히 오르고 오른다. 6시간 이상 걸린 심설산행이었다. 아침 8시 50분 첫 케이블카를 이용하면 좀 더 여유 있는 산행이 될 것이다.

에귀 브레방에서 에귀 우쉬 쪽으로 펼쳐진 눈밭.

에귀 우쉬 북측 사면의 겨울은 또다른 풍경을 보여준다.

산악 스키

 브레방 남측 언덕은 설피 트레커들뿐 아니라 산악스키어들도 즐겨 찾는다. 전망대에서 시작되는 스키 슬로프에서 벗어나 자연설 사면을 타고 서쪽 언덕을 활강해 내려가면 브레방 호수까지 스키활강이 가능하다. 물론 겨울철에는 온통 눈으로 덮여 있는 호수면에서 스키를 벗어 플레이트 바닥에 스킨을 붙인다. 이때부터 스키를 신고 눈언덕을 오르는 산악스키산행이다. 남쪽에 위치한 작은 언덕을 올라 벨라샤 고개로 길게 설사면을 횡단한다.
 여기서 라파 봉우리 쪽으로 설사면을 길게 올라 에귀 우쉬까지 스키를 신고 오른다. 산정에서 알프스의 겨울풍광을 즐기며 스키 플레이트에서 스킨을 떼고서 북쪽 사면을 활강할 채비를 한다. 자연설 사면을 즐기는 이에겐 이곳처럼 아무도 타지 않은 깨끗한 사면을 타고 내리는 즐거움보다 큰 것은 없을 것이다. 산악스키어들 중에서도 마니아들만 찾는 곳이기 때문이다.
 한동안 즐겁게 설사면을 타고 내린 후, 또 플레이트에 스킨을 부착해 벨라샤 고개로 오른다. 이후 브레방으로 올라 샤모니로 내려가기도 하며, 눈이 많고 스킹 실력에 자신감이 있으면 침엽수림 사이의 협곡을 타고 곧바로 샤모니로 하산할 수 있다. 한편 에귀 우쉬로 올라 샤모니 아랫마을 우쉬나 세르보 마을로 스키를 타고 내릴 수도 있다. 어느 경우든 하루 일정에 알맞은 코스다.

몽블랑을 배경으로 산악스키어들이 브레방 언덕으로 오르고 있다.

산악자전거

페러글라이딩

브레방에서 남측 언덕으로 하늘을 나는 페러글라이더

몽블랑을 배경으로 가파른 돌길을 타고 내리는 산악자전거 마니아

브레방 남측 언덕은 산악자전거 마니아와 페러글라이더들도 자주 찾는 곳이다. 야생화가 만발한 알파인 초원 위를 달릴뿐 아니라 익스트리머들은 거친 돌길도 거침없이 달린다. 주로 다운힐 전문 마니아들이 찾는데, 브레방까지 케이블카를 타고 올라 남측 언덕으로 달려 내려간다. 여름철 성수기에는 트레커들의 안전을 위해 자전거 다운힐이 금지되지만 6월과 9월에는 가능한 멋진 장소이다.

한편 페러글라이더들도 즐겨 찾는데, 브레방 전망대에서 곧장 하늘로 뛰어드는 이들도 있으며 에귀 우쉬 쪽으로 한두 시간 트레킹을 하고 이륙하는 이들도 많다.

산행 및 촬영 포인트
1-산행은 샤모니서 브레방으로 곧장 케이블카를 타고 오를 수도 있고 도보로 벨라샤 산장이나 메를레 야생동물농장으로 오를 수도 있다. 2시간 더 산행시간을 잡으면 된다.
2-산장대신 캠핑을 원하면 벨라샤 고개 혹은 에귀 우쉬 언덕이 전망이 좋다. 브레방 호수가도 물이 좋고 서쪽 풍광이 좋다. 하지만 몽블랑 쪽은 보이지 않는다.
3-야생화 촬영을 위해선 6월말~7월초가 좋으며 에귀 우쉬 언덕 풀밭에는 여름철에 방목하는 양들이 많아 몽블랑 산군을 배경으로 목가적인 풍경을 촬영하기 좋다. 산양 또한 종종 목격하게 되는데, 양들이 풀을 뜯는 언덕보다 험한 비탈에서 만나는 경우가 많다.
4-식수는 브레방 호수나 벨라샤 고개 주변의 알파인 호수를 이용하면 된다.
5-풍경촬영은 벨라샤 고개 주변이나 에귀 우쉬 언덕, 그리고 언덕 북면 중간의 늪지가 좋다.

빛과 바람이 길러낸 선물
 알파인 지대의 꽃밭, 특히 민들레 꽃밭은 바람이 빚어내는 풍광(風光)이다. 자연의 모든 아름다움이 어찌 바람과 빛으로 잉태되지 않은 게 있겠는가. 빛이 없는 풍경은 암흑일 뿐이다. 더구나 빛의 따뜻한 온기가 대지를

에귀 우쉬 쪽 민들레 꽃밭 뒤로
펼쳐진 몽블랑 산군의 파노라마

덥히고 씨앗을 발아시켜 아름다운 꽃을 피워낸다. 그리고 열매를 맺게 한 후, 바람은 그 씨앗을 사방으로 흩뿌린다. 민들레 홀씨들은 바람의 세기에 따라 멀리 멀리 날려간다.

 브레방과 에귀 우쉬 사이의 안부 양쪽 비탈에 민들레가 흐트러지게 피어 꽃밭을 이룬 적이 있다. 그 꽃밭에 반해 다음해에도 그리고 그 다음해에도 비슷한 시기에 그곳을 찾아갔다. 하지만 처음 만났던 그런 꽃밭은 더는 펼쳐져 있지 않았다. 물론 민들레는 있었지만 가뭄에 콩나듯 드문드문 피어 있을 뿐이었다. 그리고 몇 년이 흘렀다. 나를 홀렸던 바로 그런 민들레 꽃밭을 우연히 마주쳤다. 처음 본 그 장소에서 10여 km나 떨어진 샤모니 계곡의 북쪽 고갯마루인 발므 고개에서였다. 바람이 이 먼 곳까지 민들레 꽃밭을 옮겨놓지 않고선 있을 수 없는 일처럼 여겨졌다. 그리고 규모는 작지만 또 다른 민들레 꽃밭이 처음 만났던 장소에서 몇 km 떨어진 계곡 건너편의 플랑데귀 주변에도 옮겨와 있었다. 지금 생각해보면 민들레 꽃밭이 24km 길이의 샤모니 계곡을 옮겨 다니고 있었다. 모두 다 바람과 빛이 안겨준 선물이다.

 한편 '바람에 의해 수정되는 꽃은 결코 화려하게 채색된 꽃잎을 갖지 않는다' 라고 찰스 다윈이 말했다. 하지만 이렇게 바람에 실려 다니는 민들레꽃밭을 보면 화려함의 의미를 다시금 생각하게 된다. 꽃잎 하나하나만을 보면 결코 화려해 보이지 않지만 무리를 이룬 조화로운 모습은 혼자 돋보이는 것보다 더 화려하게 다가온다.

바람소리

 사방이 툭 트인 '바람의 언덕' 브레방과 에귀 우쉬 쪽에서는 특히 바람소리를 즐겨듣는다. 간혹 텐트를 치고 이곳 언덕에 머물 때가 있다. 휘이잉 하는 바람이 텐트를 휘감아 지나간다. 바람의 소리다. 그 어떤 자연과학자라도 여기서 저 소리를 듣는다면 기압차에 의해 생겨난 기류의 변화가 언덕 위로 스쳐가는 파열음에 지나지 않는다고 생각진 않으리라. 그도 이곳에서는 시간이 멈춘 것이라 여길 것이다.
 바람이 멈춘 순간의 정적 또한 좋다. 태고의 적막감이 바로 이런 게 아닐까 싶다. 최첨단 현대문명의 이기를 누릴 수 있는 샤모니 시내에서 불과 한두 시간이면 닿을 수 있는 이곳서 느끼는 야생의 숨결이 좋다.

봄날의 대지를 만져보다

 2,000m 대 알파인 고지의 봄은 늦게 찾아온다. 반년 이상 되는 긴긴 겨울 동안 쌓인 눈이 녹아 대지의 맨살이 드러나기 시작하는 때는 6월 중순이 되어서다.
강렬해지기 시작하는 햇볕과 훈풍은 대지에 쌓인 눈을 녹이고 봄밤의 찬 서리와 힘을 합쳐 겨우내 눈에 짓눌렸던 흙덩이의 무게를 가볍게 만들어준다.
이때 만져보는 흙은 부드럽고 따뜻하기까지 하다. 운이 좋으면 양지바른 비탈에 피어난 야생 크로커스도 만날 수 있는 시기이다. 노란 민들레는 이보다 이삼주 후에나 피어난다.

석양을 등진 채 에귀 우쉬 풀밭에서 열심히 풀을 뜯는 양들.

에귀 브레방에 올라서는 트레커들.

트레킹을 하다보면 산양들뿐 아니라
그들의 사랑의 몸짓도 보게 된다.
뒷배경은 브레방 서쪽에 위치한 피츠
장벽이다.

브레방에서 남측으로 다운힐을 즐기는 산악자전거 고수들.

6월 중순, 아직 산장을 열지 않았을 때 모인 트레커들.

6월 말부터 카르라베이롱 자연보호구역의 늪지에 눈이 녹기 시작한다. 에귀 브레방과 에귀 우쉬 북측 사면이다.

몽블랑을 배경으로 트레커들이
브레방 정상으로 오른다.

브레방 정상으로 오르는 트레커 뒤로
브레방 호수가 내려다보인다.
호수 뒤편 언덕이 에귀 우쉬 초원이다.

10월, 완연한 가을이 왔을 무렵 샤모니 침봉들을 배경으로 브레방에서 내려오는 트레커들

11월부터 내리는 눈은 더는 녹지 않고 쌓여 긴긴 겨울을 난다. 에귀 우쉬 못 미친 지점이다.

3-에귀 루즈(플레제르-브레방)

 23km나 되는 샤모니 계곡을 사이에 두고 몽블랑 산군 건너편에 3,000m 아래의 봉우리들이 줄지어 서있다. 아침햇살에 더욱 붉게 물드는 이 산군이 에귀 루즈 산군(Massif des Aiguilles Rouges)이다. 이 산군의 중간 부분의 트레킹 코스가 플레제르에서 브레방에 이르는 산길이다. 몽블랑 산군의 전모를 가장 가까이서 볼 수 있는 코스다. 여름철 트레킹 시즌에는 케이블카를 이용하면 반나절이면 둘러볼 수 있다. 물론 이 코스에서 빼놓을 수 없는 알파인 호수들을 둘러보려면 여유 있게 시간을 잡으면 된다. 겨울철에는 산악스키를 이용, 이 두 곳을 드나들면 된다. 스키어들을 위해 설치된 리프트나 케이블카를 이용해 30분 정도 급사면을 등반해 락 코르뉘 고개(col du lac Cornu 2414m)로 올라 플레제르로 멋진 자연설 사면을 타고 내리면 된다. 어떠한 경우든 몽블랑 산군, 특히 메르 더 그라스 주변 봉우리들을 바로 건너다볼 수 있는 코스이다. 나는 종종 두 산행기점 어디에서든 출발하여 숨어있는 알파인 호수 락 느와르(lacs Noirs 2,494m)에 가곤 한다. 이 호수는 에귀 루즈 산군에서는 가장 높은 고도에 위치해 있어 한 여름에만 호수에 언 얼음이 녹는다. 7월 중순인데도 호수에 얼음이 둥둥 떠 있는 경우가 많으며 그 너머로 보이는 몽블랑의 자태가 멋있다.

산행시간

플레제르(1877m)-글리에르 고개(2461m) : 2시간 30분
앙덱스(2385m)-글리에르 고개 : 1시간 30분
글리에르 고개-락 느와르(2494m) : 30분
글리에르 고개-락 코르뉘 고개(2414m) : 20분
락 코르뉘 고개-락 코르뉘(2276m) : 20분
락 코르뉘 고개-프랑프라(2000m) : 1시간
프랑프라-브레방 고개(2368m) : 1시간
브레방 고개-브레방 전망대(2525m) : 30분

교통편 : 플레제르 행 케이블카역이 있는 레 프라 마을까지는 샤모니에서 시내버스나 몽블랑 익스프레스 산간열차를 이용하면 된다. 도보 30분 소요.

산행기

 9월 중순의 화창한 가을날, 나는 몽블랑 익스프레스 산간열차를 타고 레 프라(Les Praz 1,060m) 마을에 내린다. 플레제르(Flegere 1,877m)행 케이블카에 오르기 위해서다. 케이블카가 차츰 고도를 높일수록 가을색이 완연하다. 곧이어 랑덱스(l'index 2,385m) 행 체어리프트에 오른다. 2,000m 고도를 넘어서니 따뜻한 태양 아래서도 바람이 차다. 랑덱스 주변에는 몇몇 트레커들이 오가고 있었다. 북측 끝 투르 빙하에서부터 남측 끄트머리의 에귀 구테까지 펼쳐진 몽블랑 산군의 파노라마는 언제 보아도 장관이다.

 2박3일치 배낭을 짊어지니 꽤 무겁다. 몽블랑 쪽을 보며 남쪽으로 향한다. 한동안 에귀 랑덱스(Aig. l'index 2,595m) 아래를 돌아간다. 도중에 길을 잘못 들어 시간만 낭비하고 가던 길을 되돌아와 큰길을 따라 걷는다. 한 시간 동안 내리막을 걸은 다음부터 오르막이다. 쉬엄쉬엄 걸어 오르는데, 저만치 아래에 산양 한 마리가 반긴다. 2m까지 다가가도 녀석은 도망을 가지 않고 건너편의 드류와 메르 더 그라스를 배경으로 포즈를 취하고 있다. 배낭을 내려놓고 카메라 앵글을 이리저리 돌려보지만 만족스럽지 않아 단념하고 가던 길을 재촉한다. 한 시간 동안 오르막을 올라 글리에르 고개(col de la Gliere 2,461m) 아래에 이르니 트레커 넷이 반갑게 인사하며 랑덱스로 내려간다.

 이윽고 글리에르 고갯마루다. 몽블랑 산군의 반대편 서쪽 지역이 환하게 눈에 들어온다. 락 코르뉘(lac Cornu 2,276m)는 발아래에 펼쳐져 있다. 고갯마루에 배낭을 벗어두고 서쪽으로 길을 잡는다. 락 느와르(lacs Noirs 2,494m)에 찾아가기 위해서다. 3~4년 전에 찾아가 하룻밤 자고선 처음이다. 오르막 돌길을 두세 개 넘어서니 작은 알파인 호수가 나타난다. 마침 양떼들이 몰려오더니 멈칫거린다. 녀석들은 겁을 먹고 오던 길로 돌아간다. 산양보다 더

글리에르 고개 아래에서 트레커들이 앙덱스로 향하고 있다.

사람을 무서워하는 양들의 모습에 피식 웃음이 난다. 그들 뒤를 따라 바위 언덕을 도니 느와르 호수가 오후의 강렬한 햇살에 반짝이며 빛나고 있다. 조심해서 바위들을 타고 내려 호숫가에 닿는다. 가을 가뭄에 수면이 낮아져 있다. 호수에 비춰지는 몽블랑의 모습은 예전과 다름없다. 멀리서 양들의 가냘픈 소리만이 들려오는 가운데, 정적에 휩싸인 호수를 천천히 둘러보고 배낭을 벗어둔 글리에르 고개로 돌아온다. 곧바로 짐을 지고 락 코르뉘 고개(col du lac Cornu 2,414m)로 향한다. 이제 한두 시간 후면 해가 지기에 잠자리를 찾기 위해서다. 채 한 시간이 되지 않아 코르뉘 고갯마루의 적당한 풀밭에 텐트를 친다. 동쪽으로 몽블랑 산군이 훤하게 건너다보일 뿐 아니라 서쪽의 피츠산군 너머로 지는 일몰도 볼 수 있는 자리다. 해가 떨어지려면 한 시간은 남아 있다. 가져간 책도 몇 페이지 넘기며 적막에 쌓인 풍광을 즐긴다.

이제 해가 서쪽 바위산들 아래로 떨어져 한기가 돈다. 방한복을 꺼내 입고 밖으로 나오니 몽블랑의 하얀 설사면이 붉게 물들어 있다. 더불어 샤모니 계곡의 가로등 불빛이 하나둘 켜지고 몽블랑 산군 위의 드넓은 하늘이 보라색으로 바뀌면서 어둠이 찾아왔다. 텐트로 돌아와 저녁을 먹고 침낭 속에 든다. 눈을 붙이고 자정이 지나 일어나 밖으로 나오니 초저녁과는 또 다른 장관이 펼쳐져 있다. 샤모니 시가의 현란한 조명을 받은 침봉들이 하늘 위로 우뚝 솟아 있고 검은 하늘에는 수많은 별들이 점멸하고 있다. 밤의 아름다움이다. 텐트로 돌아와 다시 잠자리에 든다.

아침에 해가 텐트에 닿아서야 눈을 뜬다. 샤모니 계곡에는 구름이 머물러 있지만 위로는 쨍한 하늘만 펼쳐져 있다. 급할 게 없어 차 한 잔을 마시

산양보다 더 사람을 경계하는 양들이
느와르 호수 앞을 지나고 있다.

2,500미터 고지에 위치해 있어 얼음이 늦게 녹는 느와르 호수에 비친 몽블랑.

고 침낭 속에서 한껏 게으름을 피운다. 아침 해가 텐트에 닿아 따뜻해졌다. 좀 더 있으니 덥다. 벌떡 일어나 텐트를 걷으니 아침 9시가 지났다. 고개 아래에서 사람 소리가 들린다. 브레방 행 아침 첫 케이블카를 타고 이곳까지 트레킹을 온 세 사람이 나타난다. 그들은 랑덱스를 거쳐 락블랑까지 갈 모양이다.

그들과 헤어져 프랑프라(Planpraz 1,999m) 쪽으로 긴 완사면의 길을 내려간다. 코르뉘 고개 서쪽 아래에 위치한 코르뉘 호수에는 가지 않기로 한다. 한여름이면 호수로 내려가 물놀이라도 할텐데 9월이라 갈 마음이 생기지 않아서다. 서쪽에 있는 피츠 장벽을 배경으로 한 코르뉘 호수의 운치 또한 멋있다. 몇 년 전에 딱 한 번 이 호수 주변에서 잔 적이 있으며, 눈 덮인 겨울에 스키로 이 호수 위를 지나가보기도 했다. 이제 길은 에귀 델라 샤르라농(Aig. de la Charlanon 2,549m) 앞으로 돌아간다. 코르뉘 고개로 오르는 트레커들 몇몇과 아침인사를 하며 지나친다. 한 시간만에 프랑프라의 풀밭이다. 잠시 앉아 쉬며 샤모니로 페러글라이딩을 하는 모습을 지켜본다. 30분간 몽블랑을 배경으로 하늘을 나는 형형색색의 페러들을 보고서 브레방 고개(Col du Brevent 2,368m)로 오른다. 등에 진땀을 흘리며 채 한 시간이 걸리지 않아 고갯마루에 올라 브레방(Brevent 2,525m) 정상까지 이어진 서쪽 산비탈을 걷는다.

30분만에 도착한 브레방 전망대에는 케이블카로 오른 관광객들이 여기저기서 몽블랑을 배경으로 기념사진을 찍고 있었다. 북적이는 전망대 언덕을 뒤로하고 남쪽으로 나 있는 돌길을 따라 내려가면 에귀 우쉬쪽 알파인 언덕이 펼쳐진다. 내가 가장 좋아하는 알파인 언덕이다.

샤모니 계곡 및 몽블랑 산군의 밤풍경

샤모니 계곡에 구름이 드리워져 있는 가운데, 프랑프라에서 코르뉘 고개로 오르는 트레커들.

산행 정보

 플레제르와 브레방을 잇는 트레킹 코스는 크게 둘로 나뉜다. 아랫길과 윗길이다. 즉 내가 선호하는 코르뉘 고개를 넘어 알파인 호수들을 둘러보는 윗길과 2,000m 지대의 수목 한계선을 따라 수평으로 난 길을 걷는 아랫길이다.
 몇 군데에선 숲길도 걷는 아랫길도 운치 있는 트레킹 코스로서 여름철에는 야생화를 보면서 몽블랑 산군의 침봉들을 건너다보는 풍광이 좋다. 특히 드류와 에귀 베르트, 샤모니의 M 침봉들이 지척으로 건너다보인다. 아랫길은 두 시간이면 트레킹이 가능하다. 여분의 시간을 이용, 플레제르에서 락 블랑까지 다녀온다거나 프랑프라에서 브레방쪽으로 둘러봐도 좋다. 한편 윗길은 나처럼 산에서 야영할 수도 있으며 당일산행으로도 충분히 가능하다. 코르뉘 고개 주변이나 느와르 호수 혹은 코르뉘 호수 옆에서 잘 수도 있다. 케이블카는 6월 중순에서 10월초까지 운행한다.
 프랑프라의 풀밭언덕은 패러글라이딩 이륙장으로 많이 이용되고 있다. 많은 패러글라이더들이 몽블랑 산군을 가슴에 품으며 샤모니 계곡으로 하늘을 날고 있다. 초보자인 경우 가이드와 함께 타는 2인승 패러로 하늘을 날 수 있다. 체험 패러 요금은 약 90유로.
 산악자전거 마니아들도 프랑프라까지 곤돌라를 타고 와 숲속 길을 따라 다운 힐을 즐긴다. 겨울철에는 플레제르 및 프랑프라 일대는 모두 스키장으로 변한다. 몽블랑 산군에서 가장 경치 좋은 스키장이기에 많은 이들이 찾는다.

구름을 뚫고 브레방으로
오르는 케이블카

브레방은 몽블랑과 보송 빙하를 가장 가까이서 지켜볼 수 있다.

프랑프라의 알펜로제 언덕 너머로 샤모니의 침봉들이 보인다.

브레방은 페러 또한 타기 좋아 많은 페러글라이더들이 몽블랑을 배경으로 하늘을 날고 있다.

브레방에서 플레제르 쪽으로 향하는 산악자전차맨.

라 플로리아에도 가보길 권한다. 샤모니 시내에서 약 30분 플레제르 방향으로 산길을 걸어오르면 전망 좋은 언덕에 온갖 꽃들로 장식한 숲속 휴게소인 이곳서 커피 한잔 하는 즐거움도 권할만 하다.

샤모니 계곡의 봄은 늦다. 오월 어느 날 레 프라 마을의 한 민가 모습이다. 벚나무 너머로 플레제로 언덕이 보이며 좌측으로 넘어가면 브레방이다.

브레방 고개에서 한 트레커가 몽블랑 및 보송 빙하를 바라보고 있다.

이곳에서 사는 일

능선에 올라 샤모니 계곡 건너편에 펼쳐진 몽블랑 산군을 지켜본다. 하얗게 눈덮인 봉우리 몽블랑을 비롯하여 수많은 침봉들이 눈에 들어온다. 저것들 중에 이미 많은 봉우리들, 즉 빙벽과 암벽, 능선들을 올랐다. 하지만 더 많은 등반루트들이 나를 기다리고 있다. 아마 평생을 올라도 오르지 못할 것이다.

이곳 생활이 으레 춥고 배고플 것임을 각오하고 왔다. 보다 나은 미래를 위한 금전적인 저축은 고사하고 하루하루 먹고 살기 빠듯한 생활이었다. 그래도 요즘은 이곳에 왔던 처음 몇 년간에 비하면 형편이 나은 편이다. 경제적인 부를 위해 이곳에 오지 않았기에 그쪽으로 관심두지 않았지만 많은 이들의 관심과 도움으로 살만하다. 그래도 사람 마음이란 게 그렇지 않은가 보다. 장비실겸 응접실, 침실겸 서재인 샤모니의 숙소가 비좁게 느껴질 때가 간혹 있다. 이보다 조금 더 낫길 바라는 마음이 욕심일까. 10년 전의 숙소 그대로이며 아마도 10년 후라 하여 더 넓은 평수로 옮겨갈 계산도 서지 않는다. 가능한 한 욕심을 버려야겠다. 물론 욕망과 그것을 이루고픈 의지가 없다면 발전도 없을 것이다. 그럼 좀 더 완곡한 표현을 빌려 지나친 욕심은 버려야겠다. 보다 높고 험한 산을 오르고 보다 나은 사진을 찍고픈 마음마저 털어버려야 진정한 자유인이 아닐까 싶지만 이 또한 잘 되지 않을 것 같다.

브레방 정상에서 맞이하는 일몰. 한 장소에서 여유있게 머물면서 시시각각 변하는 알프스의 풍경을 즐길만 하다.

플레제르와 브레방 주변에는 크고 작은 암벽들이 많다. 등반을 마친 두 클라이머가 저녁 풍경을 배경으로 돌아오고 있다.

여하튼 아파트 평수 키운다고 하여 부자가 되는 게 아니다. 한국에 갈 때면 간혹 친구들을 만날 때가 있다. 물론 나에게 친구라면 산을 통해 알게 된 이들과 그렇지 않은 두 경우의 친구들이 있다. 내가 말하고자 하는 친구는 학창시절의 친구를 두고 말하고 싶다. 물론 그들은 산을 전혀 다니지 않는다. 하지만 산악인인 나를 조금은 이해하고 있다.
나 또한 이제 한창 중견 사회인으로 자리를 잡아가는 그들의 입장을 이해하고 싶다. 하지만 아무리 그래도 오랜만에 만난 친구들 사이의 대화란 겉돌기 마련이다. 어쩌겠나. 학창시절 단 몇 년간 죽이 맞아 좋아라하던 것보다 이제 더 많은 기간을 서로 다르게 살아왔기에 그런 의식의 단절은 있을 수밖에 없다. 그렇기에 그들 나름의 관심사 즉, 아파트 평수를 늘리고 땅과 자동차를 구매하고 심지어 새로운 애인을 물색하는 일들은 나와는 너무 동떨어진 것들이다. 여하튼 10년 후에도 지금 바로 이 아파트의 이 평수에 살더라도, 사실 이것만도 감지덕지하기에 지금과 같은 정신적 육체적 건강을 유지하며 알프스를 즐길 수만 있다면 더 바랄 게 없다.

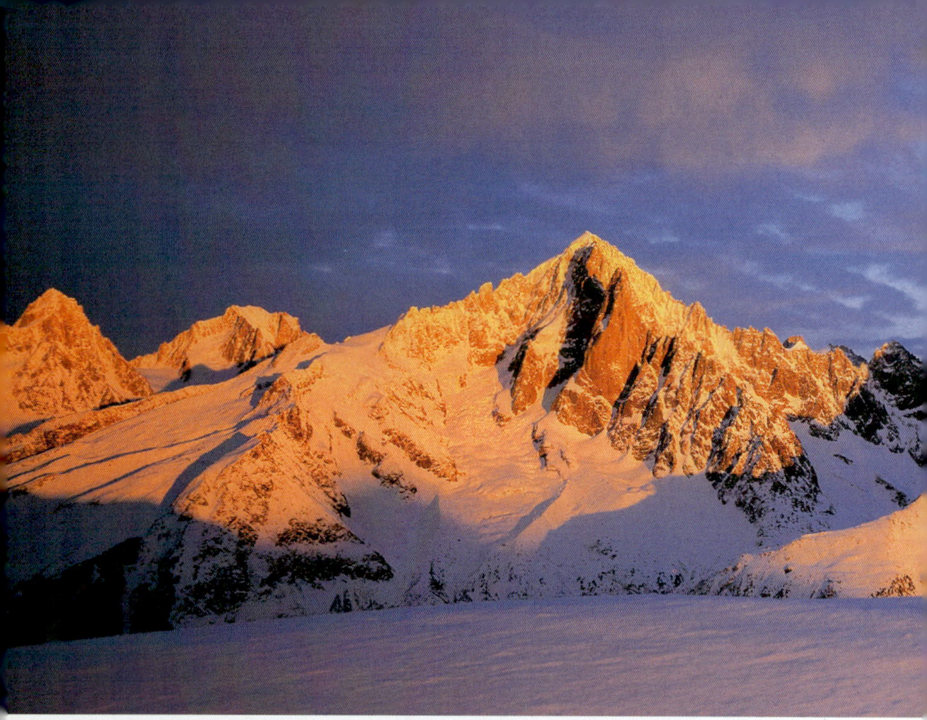

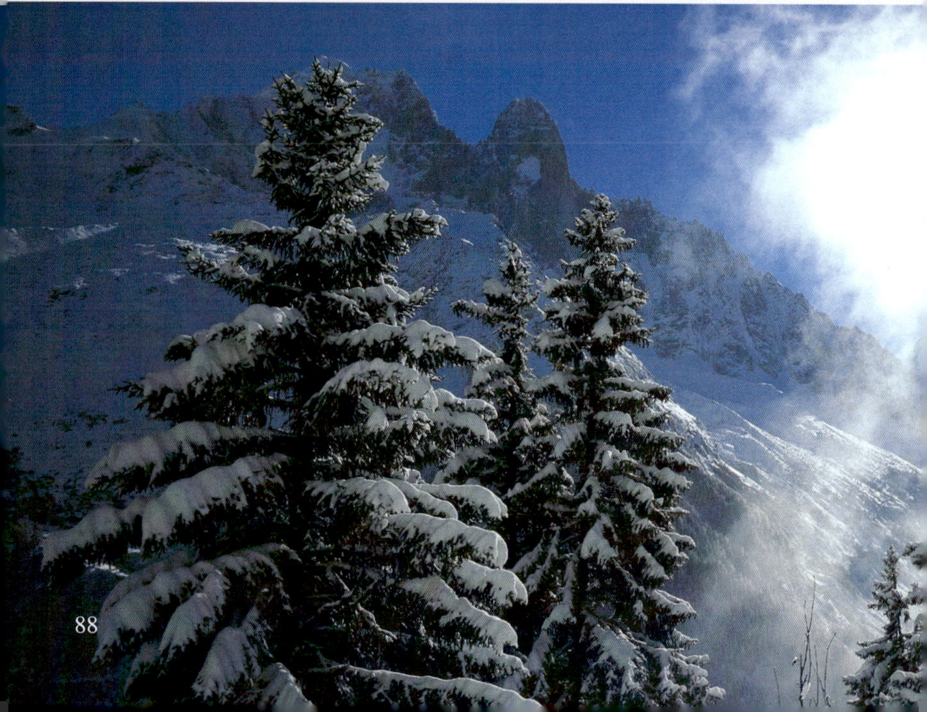

겨울철 브레방 정상에서 맞이한 몽블랑 산군의 일몰풍경. 이 장면을 찍기 위해 여러 번 정상에서 몇 시간 기다린 다음, 해가 진 후에나 스키를 타고 샤모니로 내려왔다.

플레제르에서 본 숲 너머 풍경. 베르트와 드뤼, 에트 더 그라스 등이 보인다.

4- 그랑 노르 발콩(플랑데귀-몽탕베르)

샤모니의 침봉들 아래를 걸으며 얼음바다를 조망하는 그랑 노르 발콩 코스는 교통이 무척 편리하다. 케이블카나 산악열차를 이용하면 고도차 또한 많이 오르내리지 않는다. 남녀노소 누구나 즐겨 찾으며, 심지어 간난아기를 업고서도 트레킹을 즐길 수 있는 코스다. 산행기점은 두 곳이다. 에귀 뒤 미디 전망대행 중간역인 플랑데귀나 몽탕베르 전망대이다. 둘 중 어느 곳에서 출발하든 좋다. 물론 몽탕베르 전망대를 기점으로 얼음바다인 메르 더 그라스를 조망하기 좋은 돌탑언덕에 올라 서편 숲길을 돌아 몽탕베르로 돌아오는 코스도 좋다. 또한 샤모니에서 출발해 각 산행기점까지 두세 시간 걸어올라 노르 발콩을 트레킹하고 샤모니로 걸어 내려올 수 있다. 하루 산행으로 좋다. 이 코스의 산행 시기는 눈이 녹는 6월부터 10월까지다. 7월 초순에 알펜로제가 필 때뿐 아니라 가을색이 드리워지는 8월말부터도 좋다.

산행 시간
샤모니(1036m)-다르 폭포(1233m) : 40분
다르 폭포-플랑데귀 산장(2233m) : 2시간
샤모니-좌측길-플랑데귀 산장 : 2시간 30분
플랑데귀 산장-플랑데귀 케이블카역(2310m) : 20분
플랑데귀 산장-몽탕베르 돌탑언덕(2198m) : 2시간
돌탑언덕-몽탕베르 기차역(1913m) : 40분
몽탕베르-샤모니 : 2시간

교통편
이 코스는 샤모니 시내에서 걸어올라 샤모니로 돌아오는데, 에귀 뒤 미디 케이블카역 주차장이 출발점이다. 하산시 몽탕베르 전망대에서 산악열차를 타고 샤모니로 하산할 수도 있다. 열차는 시즌에는 20~30분 간격으로 운행한다.

샤모니-플랑데귀 구간

 샤모니에서 플랑데귀로 오르는 길은 크게 두 갈래 있다. 플랑데귀로 이어지는 큰 산줄기 오른편 기슭을 거슬러오는 길과 반대편인 왼편 기슭으로 오르는 길이다. 오른편 길은 다르(Dard) 폭포를 경유하면 좋다. 샤모니 에귀 뒤 미디 케이블카 역에서 몰리아드 캠핑장 뒤로 다르 폭포에 이른다. 30분간 흘린 땀을 빙하물이 시원하게 쏟아지는 다르 폭포에서 식힌다. 폭포 가까이 휴게소가 있어 한여름에는 이곳만 잠시 들러도 좋다. 이제 본격적인 오르막 산행에 접어든다. 전나무 숲길 사이로 난 가파른 지그재그 길을 따라 20분 오르면 샤모니에서 곧장 올라오는 길과 만난다. 계속해서 오르막길을 오른다. 도중에 전나무 숲을 벗어나는 몇 군데는 8월에 산딸기가 많이 난다. 한 시간 더 걸어 나무들의 키가 작아지는 2,000m 지대에 접어들면 저 멀리 언덕에 위치한 플랑데귀 산장이 보인다. 큰 나무들이 사라진 이 일대는 8월말부터 밀티유(블루베리)가 지천일 정도로 많다. 샤모니에서 플랑데귀로 오르는 왼편 길은 한적해서 좋다. 한여름에는 따가운 햇살을 피할 수 있어 내가 선호하는 길이다. 에귀 뒤 미디 케이블카 역 앞 숲길에서 곧장 숲속 길을 오른다. 한동안 케이블카 선 아래의 숲길을 걷다가 좌측 상단으로 이어진 숲길을 오른다. 600m 즈음 고도를 높이면 숲길에서 벗어나 침봉들을 바라보며 오르막을 걷는다. 이후 지그재그 오르막을 걸어 2,000m 알파인 지대에 접어들면 오른편으로 산모퉁이를 돌아간다. 그 위에 플랑데귀 산장이 위치해 있다. 노르 발콩 코스는 이 산

샤모니 계곡을 한눈에 내려다볼 수 있는
전망 좋은 언덕에 위치한 플랑데귀 산장

플랑데귀 풀밭에 친 캠프 아래로 샤모니 계곡이 내려다보인다.

장 뒤로 이어져 있다. 케이블카를 이용하는 이들은 산장에서 약 10분 거리에 있는 플랑데귀 케이블카 역에서 북쪽으로 난 여러 갈래의 오솔길을 따라 내려가면 노르 발콩 코스에 접어든다.

플랑데귀 산장 위 풀밭은 패러글라이더들이 즐겨 이용하는 이륙장이다.

플랑데귀에서 뜬 페러글라이더가 샤모니 계곡으로 내려가고 있다. 보송빙하가 계곡까지 뻗어 내린다.

샤모니에서 본 샤모니 M 침봉들.
그랑 누르 발콩 코스는 이 침봉들 아래를 걷는다.

몽탕베르에서 출발해 플랑데귀로 오고 있는
트레커들 뒤로 샤모니의 침봉들이 솟아 있다.

노르 발콩 트레킹에 앞서 플랑데귀 케이블카 역 주변에 가볼만한 곳은 블뢰 호수다. 에귀 루즈 산군쪽 알파인 호수에 비하면 볼품이 없지만 트레킹을 하지 않고 플랑데귀 케이블카 역 주변에서만 노닐 때면 찾아볼만 하다. 물론 이 주변 풀밭에서 캠핑을 해도 된다. 어린아이들과 함께 알파인 풀밭에서 캠핑을 즐기는 이들을 종종 보곤 한다. 주변 바위를 오르는 클라이머들도 이곳에서 캠핑을 하곤 한다.

플랑데귀-몽탕베르 구간

 샤모니에서 걸어 플랑데귀 산장에 이르든 케이블카를 이용해 오르든 북쪽으로 향해 있는 노르 발콩 코스는 거의 평지나 다름없이 완만한 길이다. 오른편에 플랑, 블라티에르, 그랑 샤르모 같은 침봉들을 두고 걷는 편

몽탕베르 언덕에서는 메르 더 그라스와 그랑드 조라스 등이 잘 보인다.

한 길이다. 왼편으로는 샤모니 계곡을 눈 아래에 두고 그 너머의 에귀 루즈 산군이 한눈에 들어온다. 간혹 6월말까지 북사면 몇 군데에 눈이 있기에 조심해서 설사면을 횡단한다. 눈이 다 녹는 7월초면 길 양옆으로 알펜로제가 피어난다. 2주 정도 절정을 이루는 붉은 꽃밭을 가로지르는 즐거움을 맛볼 수 있다. 플랑데귀에서 출발한지 한 시간만에 갈림길이 나타난다. 아래쪽 길은 숲길로 하여 곧장 몽탕베르로 이어진 완사면의 길이다. 윗길은 오르막을 올라 돌탑언덕으로 가는 길이다. 조금 더 걷지만 돌탑언덕길이 경치가 좋다. 10분간 오르막을 오르면 평지가 나타나며 곧이어 비스듬히 오르는 돌길을 따라 모퉁이를 돌면 거대한 바위산 드뤼가 떡하니 버티고 서 있다. 드뤼를 바라보며 돌탑언덕에 오르면 메르 더 그라스가 한눈에 내려다보인다. 빙하 좌우에 펼쳐진 침봉들 또한 가슴 가득 안겨온다. 몽블랑 산군의 진면목이 느껴지는 장소다.

언덕 주변에는 수많은 돌탑들이 쌓여 있다. 이 많은 돌탑을 누가 다 쌓았을까 싶다. 누군가가 무엇을 위해 쌓았든 쌓은 이들의 정성이 느껴진다. 몇 년 전 겨울에 나는 이 돌탑언덕에 올라 하룻밤 잔 적이 있다.

몽탕베르 언덕 주변에 피어 있는 야생화들.
알프스의 장미 알펜로제(우측)는 7월초에 많이 핀다.

Soldanelle(앵초과)

플랑데귀에서 한 시간 거리인, 침봉들을 배경으로 트레킹을 하다 만난 작은 바위에서 볼더링을 하는 즐거움도 크다.

바람 불고 추운 밤이었지만 바로 이 돌탑들이 있어 외롭지 않았다. 밤풍경이 좋았다. 빙하와 침봉들, 그리고 돌탑 위로 쏟아진 별빛이 내 가슴에도 박혀들었다. 바람소리만 들려온 침묵의 밤이었지만 잊을 수 없다.
 돌탑언덕에서 하산길은 돌계단이 많다. 빙하를 보며 내려가다가 알펜로제가 많이 핀 산비탈에서 북측으로 방향을 튼다. 이후 몽탕베르 전망대까지 오솔길을 내려가면 된다. 알펜로제가 많이 피는 7월초면 트레커들뿐 아니라 사진작가 혹은 화가까지 이곳을 찾는다. 굽이치며 흐르는 빙하 좌우의 침봉들뿐 아니라 야생화의 아름다움을 접할 수 있기 때문이다. 꽃이 좋고 빛이 좋을 때는 나 또한 종종 찾는 곳이다. 그렇지만 좀체 마음에 드는 작품을 찍지 못했다. 눈으로 보는 것과 사진으로 담는 것에는 차이가 많아서다.

플랑데귀-몽탕베르 구간은 오르내림이 심하지 않아 누구나 즐길 수 있는 코스다.

돌탑언덕에 이르는 트레커들. 드뤼 서벽이 솟아 있다.

돌탑 언덕에서 본 메르 더 그라스 주변의 밤풍경. 좌측에서부터 므완, 그랑드 조라스, 그랑 샤르모가 보인다.

돌탑언덕에서 메르 더 그라스를 앞에 두고 몽탕베르로 하산한다.

몽탕베르 전망대 위 숲길. 가족 트레커들이 알펜로제와 빙하를 즐기고 있다.

몽탕베르-샤모니 구간

 몽탕베르 언덕에서 샤모니로 내려오는 길은 두 길이 있다. 숲길을 따라 이어진 산악열차의 선로 방향으로 비스듬히 내려간 후, 오두막을 거쳐 내려오는 길과 아치형의 돌탑으로 만든 기차선로 아래로 난 숲길을 30분 내려가면 작은 돌언덕이 나타나며 거기에 간이 휴게소인 로쉬가 나타난다. 드뤼가 바로 올려다 보이는 곳이다. 샤모니 계곡도 한눈에 내려다보여 잠시 쉬어갈만한 곳이다. 여기서 산판도로처럼 넓은 길을 따라 서쪽인 샤모니로 내려오면 된다.
 이 길은 겨울철에 스키어들이 메르 더 그라스를 타고 내려와 샤모니로 갈 때 이용한다. 로쉬 언덕의 간이 휴게소 옆 숲에는 작은 연못이 하나 있다. 오래 전에 어느 한 사진작가의 작품에 연못에 담긴 화강암 침봉 드뤼의 모습을 본 적이 있다.

몽탕베르로 오르는 길은 이처럼
편한 잣나무 숲길이 많다

몽탕베르 전망대에서 본 겨울풍경.

몽탕베르 전망대

 1,913m 높이에 위치한 몽탕베르 전망대는 메르 더 그라스와 그 주변 침봉들의 풍광이 좋아 사시사철 많은 관광객이 찾는다. 우선 샤모니에서 산악열차를 타고 몽탕베르 언덕에 오른다. 톱니바퀴가 달린 열차는 전나무 숲길을 따라 30분 만에 전망대에 오른다. 산악열차의 역사는 약 100년 되었으며, 전에는 당나귀를 타고 올랐다. 1,800년대 중반에는 나폴레옹 3세까지 이곳에 올라 빙하를 지켜봤을 정도로 이 언덕에서 바라보는 전망은 멋지다. 산악열차를 타고 편히 올라 이런 멋진 경치를 접할 수 있는 곳은 많지 않을 것이다.

 이곳에는 수정동굴과 얼음동굴, 야생동물 박물관 등 몇몇 둘러볼 곳이 있어 트레킹을 할 시간적인 여유가 없는 이들은 이곳만 찾아도 좋다. 얼음동굴에 가려면 곤도라를 타고 빙하로 내려선다. 빙하 하단에 100m 정도 파고 들어간 얼음동굴 내부에는 각종 형상의 얼음조각상들이 있다. 수정동굴은 기차역 남쪽에 위치해 있다. 몽블랑 초등자 자크 발마 또한 수정채집자였듯 몽블랑 산군에서 채취한 많은 수정들이 전시되어 있다. 전망대 북측 산모퉁이를 돌아가면 야생동물 박물관이 있는데, 이 지역에 서식하는 많은 동물들을 박제된 모습으로 만날 수 있다. 그 외에 언덕에 위치한 자그마한 오두막은 괴테가 방문한 흔적으로 그가 남긴 싯구가 남아있다.

몽탕베르 얼음동굴은 빙하에 떠밀려 내려가기에 매년 새롭게 뚫는다.

낙엽이 떨어진 연못 속, 앙상한 나뭇가지 사이로 드뤼가 보인다.

연못에 담긴 침봉 드뤼

 알파인 지대에 눈이 녹기 시작하는 봄철(5~6월 경)이나 많은 눈이 내리기 전인 가을철(10~11월 경)에는 각 전망대로 오르는 모든 케이블카들이 문을 닫는다. 이 때에는 자연히 연중 운행하고 있는 몽탕베르 전망대행 등산열차를 이용한다. 가파른 경사의 산비탈을 톱니바퀴를 굴리며 열차는 1,913m 고지에 위치한 언덕에 오른다. 발 아래로 굽이쳐 흘러내리는 메르 더 그라스 외에도 좌우로 도열하듯 솟아 있는 침봉들은 이곳을 방문하는 이들의 입을 다물지 못하게 한다.
 봄가을 비수기에 나는 운동 삼아 종종 이 몽탕베르 언덕까지 걸어 오른다. 샤모니에서 걸어 오르면 대개 2~3시간 걸린다. 몽탕베르 언덕에 오르는 산길은 두 개 있다. 그 중 왼편으로 오르는 산길에 작은 연못이 하나 있다. 나는 종종 이 연못을 보며 여기에 담긴 알프스의 침봉 드뤼를 즐겨 본다. 내가 이 연못을 발견한 지 오래되지 않았는데 처음 이곳을 발견하고 얼마나 기뻤는지 모른다. 이 지역의 한 유명사진가가 찍은 장면을 서점에서 보고 5~6년간 이 연못이 과연 어디에 있을까 싶어 몹시 궁금했기 때문이다. 가을낙엽이 바람에 휘날리는 배경에 화강암 침봉 드뤼가 담겨 있어 한층 신비로운 장면이었다.
 일반 등산로에서 채 10m도 떨어지지 않은 곳에 위치한 연못을 여태 그냥 지나쳤다. 하지만 이 연못을 발견하고서도 나는 몇 년간 이곳에 담기는 침봉의 아름다움을 카메라에 제대로 담을 수 없었다. 이 지역의 특성상 맑은 날이 드물며 맑게 개어도 2시간 정도 산을 올라와 빛이 알맞은 시각에 있어야 했기 때문이다. 이렇듯 수없이 기회만 노리다가 마침내 가장 만족할 만한 기회를 잡았다. 누구든 기회를 포착해 보다 멋진 순간을 담을 수 있겠지만 적어도 내가 들인 기다림을 그도 겪어야 하지 않을까 싶다.
 가만히 앉아 때와 시간을 포착하는 산악풍경 사진은 아직 젊은 나의 성미에는 맞지 않는다. 알파인 지대에서의 암빙설 등반이나 스킹, 산악자전거 등의 활동을 직접 하면서 사진찍기를 좋아하지만 이제 인내심을 키워 정적인 산의 모습을 카메라에 담는 노력도 해야 할 것 같다.

에귀 루즈 산군 쪽으로 본 모습.

이 지역에 흔한 마가목 열매에 신설이 쌓였다. 몽탕베르에 오르면서.

샤모니서 플랑데귀 오르는 좌측길.
가을에 접어들고 있는 모습이다.

샤모니에서 본 그랑 노르 발콩 쪽 모습.
트레킹은 6~10월 사이에 한다.

5- 메르 더 그라스(얼음 바다) 발콩 트레킹

얼음 바다를 앞에 두고 걷는 메르 더 그라스 발콩 트레킹. 중간 지점이다.

알프스의 최고봉 몽블랑(Mont Blanc, 4,810m)이 위치한 이 산군에서 가장 길고 웅장하게 흘러내리는 빙하가 있다. 메르 더 그라스(Mer de Glace)이다. '얼음의 바다'라는 의미가 있는 이 빙하를 지켜보며 걷는 멋진 트레킹 코스가 있는데, 메르 더 그라스 발콩 코스이다. 이 코스는 산악열차로 오르는 몽탕베르(le Montenvers, 1,909m) 언덕에서 시작해 빙하 좌측 둑길로 올라 렛쇼 빙하 언저리까지 오른 후, 빙하로 내려서서 돌아오는 원점회귀 코스이다. 이 코스는 몽블랑 산군의 중심부를 둘러볼 수 있는 가장 아름다운 트레킹 코스 중 하나이다. 도중에 산장도 두 군데 있기에 시간적인 여유를 가지고 산행하면 알프스의 목가적인 정취를 느끼기에 더없이 좋다.

이 코스는 다른 트레킹로에 비해 난이도가 있다. 가파른 절벽에 설치된 철사다리를 오르내려야 한다. 노약자나 어린이와 함께 트레킹할 시에는 헬멧과 안전벨트를 착용하는 게 바람직하다.

수 백년 전만 해도 사람들은 빙하가 악마들의 거처라 여겨 감히 다가가기조차 주저했다. 하지만 지구온난화로 차츰 세력을 잃어가는 빙하는 현대인들에게는 더할 나위없이 재미난 놀이터로 전락해버린 듯하다. 이 산정 저 산정의 얼음덩이들이 모이고 모여 빙하를 이루고서 그 거대한 여세를 몰아 여전히 웅장하게 흘러내리지만 수많은 모레인 언덕과 바위들을 등에 얹은 채 힘겨운 모습을 하고 있는 게 요즘의 실상이다. 물론 이러한 생각은 알프스에 거주하면서 빙하를 자주 지켜보고 있는 나만의 생각이다. 빙하 자신의 비대해진 몸무게에 의해 생긴 수많은 균열들, 즉 각가지 형태의 크레바스들은 간혹 알피니스트들을 집어삼키기도 하며 수십 혹은 수백 미터 깊이의 암흑의 함정을 품고 여전히 인간들에게 위엄을 과시하고 있다. 바로 그 빙하를 옆에 두고 걸어보자.

몽탕베르 건너편 언덕에서 시작하는 산행은 가파른 철사다리를 올라야 한다.

산행기

우선 샤모니에서 산악열차를 타고 몽탕베르 언덕에 오른다. 급경사면을 오르도록 톱니바퀴가 달린 열차는 전나무 숲길을 따라 30분 만에 전망대에 오른다. 곤도라를 이용해 빙하에 내려선다. 산행은 이제부터다. 물론 빙하에 내려서는 일반 등산로는 전망대 남쪽으로 난 산길을 걸어 내린 후, 바위에 설치된 철사다리를 이용하는 코스다. 하지만 발콩 코스는 빙하를 따라 오르지 않고 드뤼(Dru)가 있는 방향으로 빙하를 가로질러야 하기에 곤도라를 이용하는 편이 낫다.

모레인 지대의 큰 돌 위를 오르내리며 메르 더 그라스 끝자락을 건넌다. 빙하의 냉기가 더위를 식혀준다. 곧이어 절벽 위로 이어지는 철사다리 아래에 닿는다. 직벽의 바위벽에 설치된 철사다리라 조심해서 올라야 한다. 백여 미터 이상 이어진 철사다

메르 더 그라스 하단 둑길. 이렇게 완만한 빙하는 1년에 약 100m 흘러내린다.

산행은 우측으로 장대하게 흘러내리는
메르 더 그라스를 보며 걷는다.

리의 아랫부분은 매년 새롭게 가설된다. 이렇게 완만한 빙하라도 1년에 100m 이상 흘러내리기 때문이다. 몇몇 구간은 아찔할 정도로 고도감이 느껴지는 철사다리를 오른다. 더불어 전망은 더 좋아진다.
 철사다리를 다 올라 작은 오르막을 오르면 이제 길은 완만하게 메르 더 그라스 좌측 둑길로 나 있다. 풀밭 길을 쉼 없이 오르내린다. 곧이어 '얼음의 바다' 메르 더 그라스의 웅장함이 한눈에 들어온다. 발레 브랑쉬 설원 아래에서 시작해 렛쇼 빙하 언저리에서 크게 방향을 틀어 북서쪽의 샤모니 계곡으로 흘러내리고 있다. 한여름이라 빙하 위에는 각가지 크기의 바위들이 얹혀 있어 깨끗한 모습은 아니다. 곧이어 샤르푸아(Charpoua) 빙하 아래다. 너덜바위지대를 지나 샤르푸아 빙하에서 흘러내리는 개울을 지나면 바위지대가 나타난다. 이 부근은 길옆으로 펼쳐져 있는 민들레 꽃밭이 좋다. 빗방울에 젖은 노랑 꽃잎이 곱다. 더욱이 샤르푸아 빙하 위의 침봉들과 어울려 알프스의 고산화원을 이루고 있다. 7월말의 풍경이다.
 곧이어 샤르푸아 산장(Ref. de la Charpoua, 2,841m)과 쿠베르클 산장(Ref. du Couvercle, 2,687m)으로 가는 갈림길에 이른다. 이곳서 샤르푸아 산장까진 한 시간이면 된다. 여름철에만 산장지기가 거주하는 이 산장에서 맞는 일몰의 풍경은 압권이다. 시간적인 여유가 있는 분들은 이 산장에서 묵고 다음 산장인 쿠베르클 산장으로 가길 권한다.
 이제부터 메르 더 그라스를 등 뒤에 두고 알파인 산록을 거슬러 샤르푸아 산장으로 오른다. 가파른 너덜지대가 이어진다. 약 100m 높이의 바위구간 위에 샤르푸아 산장이 있다. 조심스럽게 철사다리를 이용해 오르면 산장이다. 12명이 묵을 수 있는 작은 산장이지만 운치가 그만이다. 2,800m 고도에서 바라보는 전경은 알프스 최고로 꼽아도 손색없을 정도다. 흠이라면 물이 귀하다. 산장 위 언덕 우측 사면으로 가야 물을 찾을 수 있다. 샤르푸아 산장은 아침햇살이 늦게 닿는다. 동쪽 에귀 베르트 지능의 거대한

민들레 꽃밭 뒤로 샤르푸아 빙하의 침봉들인 드뤼와 베르트가 보인다.

쿠베르클 산장과 샤르푸아 산장 갈림길.

샤르푸아 산장으로 오르는 이들 뒤로 펼쳐진 메르 더 그라스 주변 풍경.

샤르푸아 산장 아래 절벽에 설치된 철사다리 구간.

규모가 작지만 트레커나 알피니스트들이 종종 찾는 샤르푸아 산장.

샤르푸아 산장 위 언덕에서 본 해질녘 풍경.
메르 더 그라스의 전모를 볼 수 있다.

빙하와 침봉들을 벗 삼아 철사다리를 오르내리는 구간이 많다.

알파인 지대에서 흔히 마주치는 마모트. 토끼보다 크다.

산행 중 이렇게 단란한 가족 산행을 지켜보는 즐거움은 크다.

바위능선 때문이다. 하지만 태양빛에 드러난 메르 더 그라스의 장엄함과 그 뒤로 솟은 몽블랑의 웅장함은 말로 표현하기 힘들 정도다. 그리고 그랑 샤르모나 그레퐁이 바로 코앞에 솟아 있다.

 이러한 장관을 즐기며 한껏 게으름을 피워볼만 하다. 몇 년 전이었다. 나는 산장문을 활짝 열어놓고 침상에 누워 경치 구경을 하다가 지겨우면 잠도 잤다. 어느 사이에 햇살이 산장문턱에 닿아 있었다. 문 앞 돌난간에 마모트가 놀라 있었다. 녀석도 따뜻한 햇볕을 즐기고 있었다. 녀석이 잔디밭으로 돌아가고 나서야 밖으로 나와 햇살의 따뜻함을 즐겼다. 천천히 산장을 나선 나는 갈림길로 내려왔다.

 갈림길에서 한동안 경사진 풀밭 사이로 난 길을 걷는다. 쿠베르클 산장으로 이어진 길이다. 옆으로 길게 횡단하는 곳이다. 위에서 흘러내리는 작은 개울도 지난다. 또다시 철사다리가 나타난다. 조심해서 철 계단을 밟고 올라서면 전망 좋은 언덕이 나타난다. 캠핑 장비를 지고 트레킹 하는 이들은 이 언덕이 좋다. 가까이에 식수도 구할 수 있다. 그랑드 조라스에서 시작해 로쉬포르 능선과 당뒤 제앙의 뾰쪽한 암봉, 그리고 세락이 진 발레 브랑쉬 설원의 하단부와 몽블랑과 타퀼의 모습, 또한 메르 더 그라스 우측으로 솟아 있는 수많은 샤모니의 침봉들이 한눈에 보이는 언덕이다. 물론 뒤로는 드뤼와 베르트, 그리고 그 위성봉들이 에워싸고 있어 몽블랑 산군을 이처럼 한 장소에서 멋지게 대하는 장소는 없다.

 여기서 쿠베르클 산장까지는 반나절이면 충분한 거리다. 길은 가파른 바윗길을 오르내리며 이어져 있다. 군데군데 철사다리가 설치되어 있다. 어떤 곳은 고도감이 꽤나 크다. 큰 모퉁이를 하나 돌고부터는 그랑드 조라스 북벽 상단부를 빤히 바라보며 걷는다. 메르 더 그라스는 오른편 발아래에

둔다. 도중에 몇 번 급경사의 개울을 지난다. 철로 만든 발디딤들이 위에서 떨어진 낙석에 무참히 망가져 있다. 이것만 보이도 인간의 힘이 대자연 앞에 얼마나 무력한지 알 수 있다. 그래도 인간의 노력은 끝이 없듯 이것들은 매년 초여름에 새롭게 설치되곤 한다.

이제 길은 메르 더 그라스를 더욱 가까이 보며 걷는다. 한동안 풀밭 사이로 난 완경사의 오르막이다. 간혹 이 코스에서 만나는 이들 중에는 어린

몽블랑 및 발레 브랑쉬 설원을 배경으로
두 산악인이 주변 산들을 지켜보고 있다.

등반 후 쿠베르클 산장으로 돌아온 알피니스트들이 장비를 말리고 있다.

아이들까지 동반하는 부부 트레커들도 있다. 자연을 즐기는 이곳 사람들의 모습이다. 이제 길은 험한 바윗길을 오르내린다. 고도도 높아져 간다. 발걸음이 무거워질 정도로 가파른 길을 오르내린 후, 마침내 쿠베르클 산장이 보이는 언덕에 올라선다. 한쪽 모퉁이에 케언이 보기 좋게 쌓여 있다. 이것 너머로 보이는 그랑드 조라스와 몽블랑은 더욱 웅장하다. 너른 바위들이 군데군데 있는 이 바위언덕에서 캠핑을 해도 된다. 한편 여기서 수평으로 난 길을 따라 10분쯤 가면 나타나는 쿠베르클 산장에 여장을 푼다.

쿠베르클 동계산장을 덮고 있는 바위에서 본 그랑드 조라스 북벽에 물드는 저녁놀.

여름시즌의 오후시간에는 주변 봉우리를 등반하고 산장으로 돌아온 알피니스트들이 자일이며 신발 등을 말리고 있다. 몇몇 이들은 양지바른 곳에 누워 하루의 등반을 음미하며 즐거운 피로를 푼다. 프랑스 산악회 소유의 쿠베르클 산장은 아마도 알프스에서 가장 목가적인 알파인 정취를 느낄 수 있는 산장일 것이다. 산장 아래로 펼쳐진 풍광을 벗 삼아 맥주나 포도주를 마시는 기쁨도 빼놓을 수 없다. 산장에서는 잠자리 외에도 웬만한 음식은 주문이 가능하다. 특히 붉게 물드는 저녁놀을 바라보며 먹는 저녁식사는 일품이다.
 얼마 후 어둠의 장막이 드리운 후, 밤 이렇게 깊어만 가는 밤을 보내고 희뿌옇게 밝아오는 새벽을 맞는다. 쿠베르클 산장 너머의 탈레프르(Tale-fre) 빙하 주변의 침봉들 너머로 아침놀이 붉게 물든다. 하지만 태양빛을 가장 먼저 받는 봉우리는 그 반대편의 알프스 최고봉 몽블랑이다. 차츰 몽블랑 산군이 깨어나는 광경이다. 하늘로 치솟은 침봉들뿐 아니라 그들 사이에 흐르고 있는 거대한 빙하들도 꿈틀거린다. 메르 더 그라스로 내려가 샤모니로 하산만 하면 되기에 산장 침상에서 한껏 게으름을 피울 수도 있다. 마침내 태양이 떠올라 산장 창문에도 햇살이 든다. 산장에서 제공하는 아침을 먹고 짐을 꾸린다.
 유랑 같은 트레킹 마지막 날이다. 우선 풀밭을 가로지른다. 아침의 상쾌한 공기가 주변풍광을 돋보이게 한다. 이어 거대한 납작 바위 아래에 위치한 알미뉴 박스의 동계산장 아래쪽으로 난 내리막을 걷는다. 여름시즌이

쿠베르클 산장에서 몽블랑 및
샤모니 침봉 쪽으로 본 밤풍경.

쿠베르클 산장에서 맞는 아침풍경.
몽블랑이 깨어나고 있다.

스위스 부부 트레커가 얼음바다를
배경으로 하산하고 있다.

끝나면 바로 이 자그마한 동계산장이 알피니스트들의 보금자리로 개방이 된다. 탈레프르 빙하 우측 둑길로 난 길을 따라 내린 후 렛쇼 빙하로 떨어지는 절벽에 이른다. 수직의 바위벽에 철사다리가 수백 미터 이어진 곳이다. 제법 고도감이 큰 절벽이지만 철사다리가 잘 놓여 있다. 산장에서 한 시간 반 정도 걸린다.

 조심스럽게 내려서서 렛쇼 빙하가 메르 더 그라스에 가로막혀 생겨난 거대한 모레인 지대의 돌밭 길에 접어든다. 이어 한 시간 더 걸으면 지난 이틀간 트레킹하며 지켜본 메르 더 그라스에 닿는다. 11월이면 빙하에 눈이 덮이기 시작한다. 그리고 겨울철이면 바로 이 메르 더 그라스 위로 빙하 스키어들이 내려온다. 미끄러운 빙하 위를 조심스럽게 걸어 내려 산행기점인 몽탕베르 언덕에 닿는다. 2박3일간의 메르 더 그라스 발콩 트레킹의 종점이다.

산행 길잡이

 이 트레킹 코스는 당일 산행은 무리이며 산장에서 묵으며 충분한 시간적 여유를 가지고 산행하는 편이 좋다. 샤르푸아 산장은 7~8월, 쿠베르클 산장은 6월 중순~9월 중순까지 산장지기가 거주한다. 여름철 성수기에는 예약후 찾는 게 바람직하다. 일반적인 트레킹 시기는 여름철이 좋으며, 체력에 자신이 있으면 캠핑 장비를 지고 할 수도 있다. 나는 겨울에도 종종 이 산장들을 찾는다. 산악인들을 위해 무료로 개방하는 윈터룸을 이용하면 된다.
*산장이용료 : 석식 및 조식 포함 약 55유로
*샤르푸아 산장 전화번호 : 06 24 86 44 39
*쿠베르클 산장 전화번호 : 04 50 53 16 94

산행시간
몽탕베르(1909m)-샤르푸아 모레인지대 갈림길(2470m) : 2시간 30분
갈림길-샤루푸아 산장(2841m) : 50분
갈림길-쿠베르클 산장(2687m) : 2시간
쿠베르클 산장-몽탕베르 : 3시간

에귀 엘엠 정상에서 본 발콩 루트

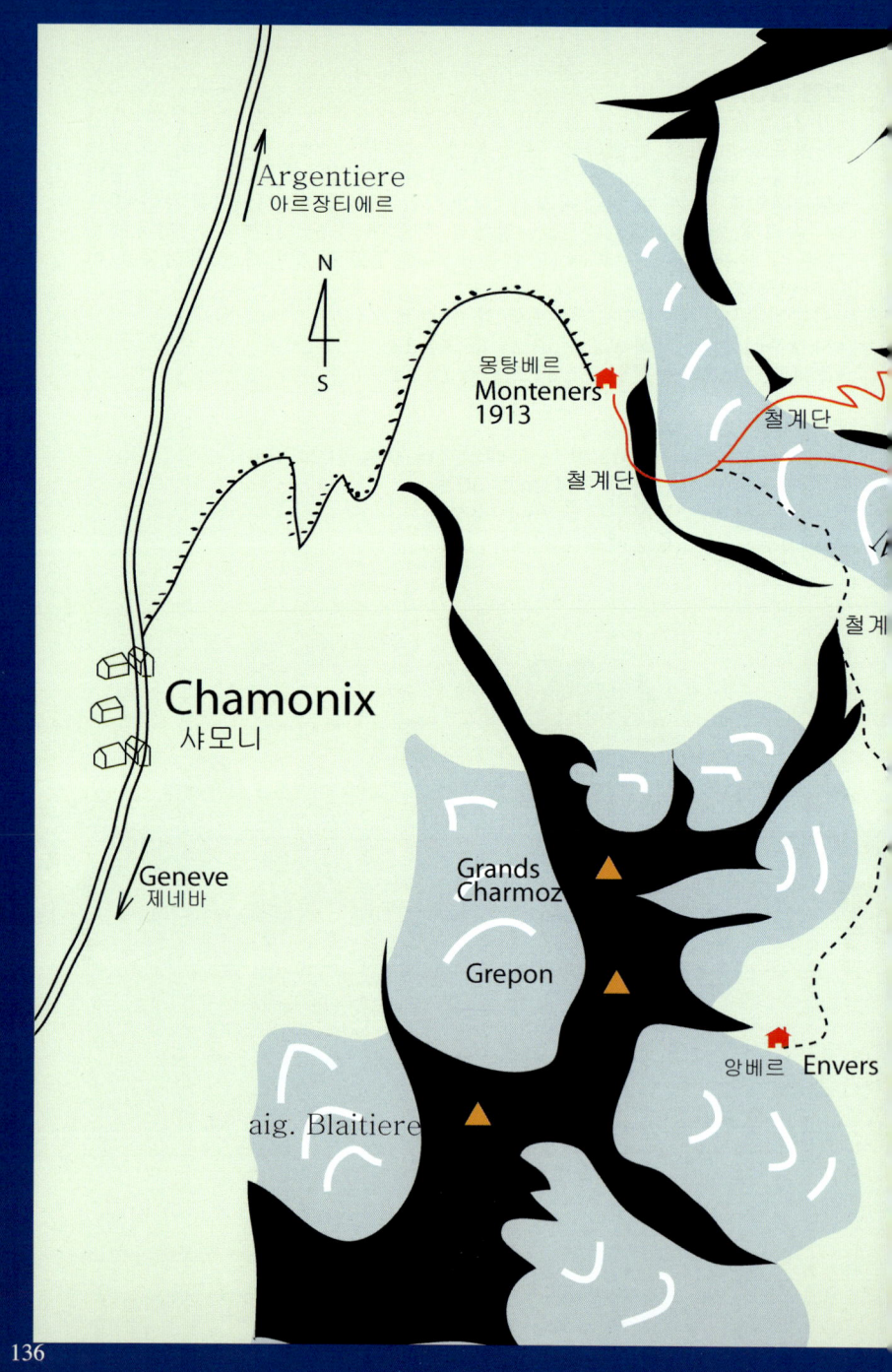

Map: Talefre & Leschaux Glaciers

- **Les Drus** 드뤼
- **aig. Verte 4122** 베르트
- **Charpoua 2841** 샤르푸아
- **aig. Moine 3412** 므완
- **Couvercle 2687** 쿠베르클
- **Leschaux 2431** 레쇼 산장
- **Talefre 빙하** 탈레프르
- **Leschaux 빙하**
- Glace
- 갈림길
- 철계단
- **Requin 르꿰 산장 / Vallee Blanche** 발레 브랑쉬

100여 년 전에도 같은 자리에 있은 쿠베르클 동계 산장. 비수기에 개방해 둔다.

수정채집과 등산

 몇 년 전 이곳 샤모니 계곡에서 행운을 잡은 사람이 있었다. 그는 윗마을 아르장티에르에 사는 수정채집자이다. 그가 채굴해낸 수정은 주먹보다 조금 더 큰 것으로서 보랏빛이 나며 중간에 금빛, 즉 황금이 묻어있는 것으로서 감정가격이 무려 50만 유로(약 6억 원 정도)였다고 한다. 여담이지만 그는 그 수정이 프랑스 땅 밖으로 유출되지 않는다는 조건으로 25만 유로에 프랑스 정부의 한 박물관에 넘겼다고 한다.
 1786년 몽블랑을 초등하면서 알피니즘의 기원을 연 자크 발마 또한 수정채집자였다. 그러고 보면 이 지역 수정채집의 역사는 적어도 200년은 넘었다. 등산의 역사와 궤를 같이 하고 있는 셈이다. 어느 해 가을에 쿠베르클 산장에서 만난 수정채집자 둘도 등산가이드였다. 그중 한명은 등반을 하다 다리를 다쳐 극한등반을 더는 못해 이제는 수정채집이나 하러 다닌다 했을 정도로 수정채집과 등산은 뗄 수 없는 관계임은 분명하다. 사람이라곤 가지 않은 높은 지대의 가파른 암벽을 쏘다니려면 자연히 등반기술이 필요할뿐더러 오히려 웬만한 산악인보다 나은 경험과 기량을 지녀야 하기 때문이다.
 물론 수정채집을 하다 발생하는 사고도 빈번하다. 영국의 유명 산악인 더그 스코트와 함께 시샤팡마 남벽을 초등한 존 박스터존스의 경우도 이곳 몽블랑 산군에서 수정채집을 하다 사망해 유재원 선배 묘에서 멀지 않은 지점에 묻혀 있으며, 샤모니의 또 다른 유명 히말리스트였던 조르즈 버템버그 또한 수정채집을 하다 사망했다.
 수정채집이 알피니스트들에겐 자신이 좋아하는 등반도 하며 돈도 벌 수 있는 일이다. 나 또한 수정채집이나 하러 다닐까 싶은 생각이 조금은 들었지만 아서라, 내가 그런 일확천금에 혹했다면 이곳에 오지도 않았을 거라며 마음을 달래본다.

오십대 중반의 두 산악가이드. 둘 중 한 사람이 등반중 다쳐 더는 가이드일을 못해 수정채집을 하게 되었는데, 앉은 이는 쉬는 날 친구를 돕기 위해 따라왔다고 한다.

쿠베르클 산장에서 하산길은 그랑드 조라스와 레쇼 빙하를 앞에 두고 빙하로 내려간다.

쿠베르클 산장 옆 돌언덕 수면에 비친 풍경. 프티 조라스와 그랑드 조라스, 로쉬포르, 당 뒤 제앙이 보인다.

쿠베르클 산장 바로 뒤편 바위를 오르고 하강하는 클라이머 뒤로 저 멀리 몽블랑과 타퀼 등이 보인다.

가을이 완연할 무렵, 샤모니 침봉들과 몽블랑, 발레 브랑쉬 설원 등이 쿠베르클 산장 뒤로 펼쳐져 있다.

샤르푸아 산장의 겨울철 모습. 주변풍광이 좋고 아담한 이 산장에 미국산악스키어들이 찾았다. 뒤로 드뤼와 에귀 베르트가 솟아 있다.

락 블랑 쪽에서 본 메르 더 그라스와 주변 봉우리들. 빙하 좌측 하단에서부터 발콩 루트가 시작되며, 빙하 우측 모퉁이를 돌면 앙베르 산장이 있다.

6-메르 더 그라스 우측 둑길
앙베르 산장

앙베르 산장 가는 길에 핀 야생화(Adenostyle)와 침봉들이 잘 어울린다.

만년설을 이고 있는 알프스, 이곳서 알피니스트들이 즐길 수 있는 등반행위는 수없이 많다. 빙벽등반, 설상등반, 믹스등반, 빙하 트레킹, 그리고 암벽등반 등등. 이중에서 알프스의 목가적인 풍경을 만끽하며 오르는 암벽등반은 또 다른 차원의 즐거움을 준다. 고도가 그다지 높지 않은 2,000~3,000m 고지의 거친 화강암을 대하는 손바닥의 감촉은 알피니스트의 본능을 일깨우기에 충분하다. 등반 중 잠시 쉴 때 드넓은 빙하와 그 위로 치솟은 큰 북벽들을 보면서 언젠가 오르리라는 상상만으로도 즐겁다. 이곳으로 향하는 트레킹 코스 또한 빼어나 나는 등반을 하지 않고도 카메라를 들고 종종 찾곤 한다.

이곳은 '얼음바다' 메르 더 그라스가 동쪽으로 흐르다가 렛쇼 빙하와 만나 북쪽으로 방향을 트는 중앙부 서쪽에 위치한 수많은 침봉들의 남동쪽 아래를 가로지르는 트레킹 코스다. 샤모니 침봉을 대표하는 M 침봉인 그랑 샤르모, 그레퐁, 블라티에르, 에귀 플랑 등의 남동면 아래다. 즉 샤모니 계곡에서 보이는 침봉들의 반대편에 위치해 있다. 빙하 깊숙이 들어가 한적한 암벽등반을 즐기기 좋은 암장일 뿐 아니라 트레킹 코스로서도 가볼 만한 곳이다.

산행 시간
샤모니-(산악열차)-몽탕베르 : 30분
몽탕베르-빙하-둑길초입(철사다리) : 1시간
철사다리-앙베르 산장(2시간)

산행기

 이곳의 산행출발지 또한 몽탕베르(Montenvers) 언덕이다. 전망대에서 남쪽으로 난 오솔길을 따라 곧장 메르 더 그라스 쪽으로 내리막을 걷는다. 10분이면 가파른 절벽에 설치된 철사다리를 만난다. 조심해서 높고 길게 설치된 철사다리들을 걸어 내린다. 초보자인 경우 경험자가 자일로 확보하면 좋다. 곧 빙하에 닿는다. 빙하 초입은 모레인 지대에서 떠내려 온 잔돌이 흩어져 있어 덜 미끄럽다. 하지만 빙하를 거슬러 오를수록 반반한 얼음만 펼쳐져 있어 여간 조심스럽지 않다. 워킹용 아이젠이라도 있으면 좋다.
 1시간 후 그랑 샤르모 북벽을 지나 메르 더 그라스가 방향을 틀기 전이다. 여기서 빙하 우측 언덕으로 올라야 한다. 앙베르 데 제귀 산장(Envers des Aiguilles Hut, 2,523m)으로 향하는 길이다. 붉은색 사각형에 큼지막한 화살표가 페인트로 칠해진 바위면 옆으로 철사다리가 가설되어 있다. 철사다리는 가파른 바위면을 좌우로 오가며 길게 언덕 위로 향한다. 한동안 위로만 향하던 길은 철사다리에서 벗어나자 비스듬히 빙하를 따라 오른다. 야생화가 피어있는 알파인 언덕에 좁은 길이 나 있다. 이제 발아래로는 메르 더 그라스가 한눈에 들어온다. 그리고 보다 남쪽엔 그랑드 조라스 북벽에서 발원한 레쇼 빙하가 메르 더 그라스의 거대한 덩치에 저지당한 모습이 한눈에 들어온다. 앙베르 산장으로 오르는 길은 도중에 철사다리도 있고 가파른 바위지대도 넘는다. 산장이 보이는 지대에서부터 시야가 트인다. 발레 브랑쉬 계곡 아래 혼돈의 크레바스와 세락 지대가 장

메르 더 그라스를 거슬러 오르는 빙하 트레커들. 빙하 우측 둑길로 오른다.

오름길 곳곳에 화살표와 철난간이 있다.

관을 이룬다. 수많은 침봉들이 그 아래로 흘러내리는 메르 더 그라스 좌우로 도열해 있다.

한동안 수평으로 메르 더 그라스를 따라 가면 앙베르 산장 어귀에 이른다. 몽탕베르 전망대에서 3시간 정도 걸린다. 급경사의 바위사면이라 산장 주변에 캠핑할 장소는 많지 않다. 하지만 내가 종종 이용하는, 산장에서 서쪽으로 약 100m 지점에 위치한 자그마한 캠프지가 있다. 산장에서 묵는 운치 또한 좋지만 간혹 캠핑하는 멋도 그만이다. 주변에는 물도 흘러내린다. 주변풍광을 즐기며 맞는 저녁놀이 좋은 곳이다. 해질녘 산장의 저녁풍경 또한 멋져 사진에 담기 위해선 이 캠프지가 제격이다.

아침풍경 또한 멋있다. 해가 뜨기 전에 삼발이를 펴 카메라를 장착할 때의 기대감은 복권을 구입할 때보다 낫다. 이런 기대감으로 희망찬 하루해가 떠오르는 순간을 바쁘게 맞이한다. 열심히 카메라 샷터를 누른 후, 절정의 순간이 지나고 따뜻한 커피 한 잔을 마신다. 한동안 식은 몸을 침낭에서 녹이며 단잠에 든다. 태양이 메르 더 그라스 너머 동쪽에 솟은 베르트와 드르와트 위로 솟아오를 때까지는 기온이 차다. 꼼지락거리며 한껏 게으름을 피우다 햇살이 텐트에 닿고서야 침낭 밖으로 나온다. 힘차게 기지개를 펴고 짐을 챙겨 하산길에 든다. 잠시 산장에 들러 차 한 잔을 마셔도 좋다. 하산은 왔던 길을 따라 내려가도 되며 캠프지 아래쪽으로 하여 곧장 메르 더 그라스로 내려설 수 있다. 이 경우 아이젠이 필요하다. 빙하에 내려선 다음에는 또 다른 산장 르깽이나 렛쇼 산장으로 이동할 수 있으며, 몽탕베르로 빙하를 따라 하산하면 된다.

앙베르 산장으로 오르는 트레커 뒤로
프랑스와 이태리의 국경능선이 펼쳐져 있다.

앙베르 산장으로 가는 트레커들.
빙하를 지나기에 피켈 등을 지니고 있다.

뒤로 레쇼 빙하가 메르 더 그라
스에 가로막힌 모습이 보인다.

침봉들에서 뻗어내린 암릉 끄트머리 절벽 위에 위치한 앙베르 산장

저녁을 맞이하는 앙베르 산장 뒤로
드뤼와 베르트가 솟아 있다.

산행길잡이

앙베르 산장까지 다녀오는 트레킹은 당일로도 가능하다. 이 경우 몽탕베르행 첫 기차를 이용하면 된다. 하지만 이곳서 맞이하는 일몰 및 일출 풍경이 좋기에 하룻밤 묵는 산행을 권한다. 산장에서 묵어도 좋으며 캠핑을 해도 좋다.

한편 몽탕베르로 하산하지 않고 빙하로 곧장 내려서서 다른 산장으로 이동할 수도 있는데, 이 경우 빙하를 건널 수 있는 장비들이 필요하다. 아이젠과 피켈, 자일과 안전벨트로 서로를 안전하게 확보하며 빙하를 건너야 하기에 경험자와 함께 하는 게 바람직하다. 르깽이나 렛쇼 산장까지 둘러보고 쿠베르클 산장으로 올라가 메르 더 그라스 발콩 코스로 하산하면 4~5일 정도 걸리는 멋진 트레킹 코스가 될 것이다.

*앙베르 산장 전화번호 : 06 76 52 61 17

산장 옆 캠프지와 당뒤 제앙 쪽 일몰.

산장 아래 한 바위를 오르는 클라이머들 뒤로 메르 더 그라스의 세락지대가 펼쳐져 있으며, 그 위로 당 뒤 제앙이 솟아 있다.

산장 주변에는 크고 작은
암벽등반코스들이 많다.

앙베르 산장 옆의 한 암벽을 오르는 클라이머 뒤로 드뤼와 베르트, 므완이 보인다.

클라이머들을 위한 정보

 앙베르 산장 주변에는 수많은 암벽등반코스들이 있다. 이들 코스의 등반시즌은 여름철이다. 6월말부터 9월까지. 산장 주변에 200~300m 높이의 당일 혹은 반나절 코스들이 많으며, 1,000m 높이의 코스들도 많다.
 그레퐁이나 블라티에르 등의 정상까지 이어지는 루트를 등반할 때 하산은 그 뒤쪽인 샤모니 쪽으로 내려간다. 그런 큰 등반을 위해선 산장을 이용하는 편이 좋으며, 일반적으로 이곳에서 장기간 등반을 하려면 산장 주변에서 캠핑을 해도 좋다. 등반장비는 하강을 고려해 60미터 길이의 자일 두 동이 바람직하며 캠 및 너트 한 조씩 필요하다. 일반적으로 확보물 및 하강지점이 잘 정비되어 있기에 알파인 지대에서의 암벽등반을 즐기기 좋은 곳이다.

밥이 최고

 무거운 짐을 지고 카메라를 둘러메고 알프스의 산록을 헤매거나 침봉과 빙벽을 오르고 산악스키로 빙하와 설원을 가르며 산악자전거로 산록의 오솔길을 달리는 나는 엄청난 에너지를 소비한다. 그런 활동들을 함으로써 더없이 즐겁지만 위험성이 내포된 극한활동이다 보니 정신적 스트레스 외에도 막대한 육체적 노동을 견딜 수 있는 체력을 갖춰야 한다. 바로 이 체력을 유지하기 위해 잘 먹어야 한다. 하지만 시간이 없거나 혼자 먹기 싫거나 게을러 제대로 못 먹는 경우가 많다.
 누군가는 하얀 만년설산에 간다고 개소주에 온갖 보양식으로 몸보신을 하곤 하지만 나는 우유 한 잔으로 족 하련다. 이제껏 보약이라곤 먹어보지 않았지만 부모님이 물려주신 건강 덕에 이만큼이나마 활동할 수 있어 고마울 따름이다.

앙베르 산장에서 맞이하는 몽블랑 산군. 왼편 므완 봉 아래, 쿠베르클 산장이 있는 탈레프르 빙하 쪽 풍경이다.

저녁을 맞이하는 앙베르 산장 뒤로
드뤼와 베르트가 솟아 있다.

7 - 국경선상의 발므 고개

　23km 길이의 샤모니 계곡 상단, 몽블랑 산군의 북쪽 끄트머리에는 프랑스와 스위스의 국경을 이루는 발므 고개(Col de Balme, 2,191m)가 위치해 있다. 2,000m 이상의 드넓은 알파인 언덕이 이어져 있을 뿐 아니라 몽블랑 산군을 북서쪽에서 한눈에 조망할 수 있어 많은 트레커들이 찾는 곳이다. 산행이 힘들거나 위험하지 않아 어린이와 나이 드신 분들도 즐겨 찾는 대상지다.

　또한 이곳은 알프스에서 가장 눈과 비가 많이 내리는 곳 중 하나다. 샤모니 계곡을 타고 오르는 구름이 이 고개에서 눈비를 뿌리며 몸을 가볍게 한 후에나 국경 고개를 넘을 수 있기에. 그래서 이 고개의 남쪽 사면에는 투르(Tour) 스키장이 위치해 있다. 겨울철에는 많은 스키어들이 찾는데, 설피 트레킹도 많이 한다. 눈이 없는 여름철에는 트레커들뿐 아니라 산악자전거 마니아들이 즐겨 찾고 있다. 그만큼 이곳은 여러 연령층의 다양한 마니아들이 좋아하는 장소다. 나 또한 자주 찾고 있다. 각종 야생화나 눈 풍경을 위해 혼자 카메라를 들고 찾을 뿐 아니라 멀리서 온 손님들과도 즐겁게 산책할 수 있기 때문이다.

산행시간
몽테 고개(1,417m)-발므 고개, 발므 산장(2,191m) : 3시간
발므 고개-발므 정상(2,321m) : 30분
발므 정상-포제트 고개(1,997m) : 40분
포제트 고개-발로신 마을(1,260m) : 1시간 30분
포제트 고개-에귀 포제트(2,201m) : 30분
에귀 포제트-러 투르 마을(1,453m) : 1시간 20분

발므 정상에서 망중한을 즐기는 트레커들

산행기

 이곳의 산행기점은 발로신 마을(Vallorcine, 1,300m)이나 투르 마을이다. 두 곳 다 샤모니에서 멀어 대중교통이나 개인용 차량을 이용해야 한다. 산악열차 <몽블랑 익스프레스>도 탈만 하다. 가파른 산길을 달리기 위해 선로 중앙에 톱니바퀴가 달린 산악열차는 덜커덩거리며 계곡을 거슬러 오른다. 개통된 지 100년 이상 된 열차는 30분 후 발로신 마을에 닿는다. 바로 다음 역은 스위스 땅이다. '곰의 계곡'이란 뜻이 있는 발로신은 예전에는 오지의 산간마을이였지만 요즘은 철도 및 산악도로가 남북으로 뚫려있어 많은 관광객들이 찾는 곳이다.
 이곳에서 시간을 벌려면 포제트 고개(Col des Posettes, 1,997m)로 오르는 곤도라를 이용한다. 그렇지 않으면 겨울철에 스키슬로프로 이용하는 산판도로를 따라 1시간 반 이상 오르막을 오르면 된다. 이 곤도라는 겨울철에 많은 스키어들을 투르 스키장으로 실어 나른다. 10인승 곤도라의 의자에는 자전거 발자국이 여기저기 묻어 있다. 그만큼 산악자전거 마니아들이 많이 이용하는 곳이다. 각종 보호장비로 중무장을 한 그들은 마치 무법자 같다. 물론 이곳, 특히 그들이 즐겨 타고 내리는 다운힐 코스는 트레커들이 걷는 산길과는 다른 곳이 많기에 트레커들이 걱정할 정도는 아니다.
 10분 만에 곤도라에서 내린 후 포제트 고개로 오른다. 넓은

포제트 고개의 꽃밭을 달리는
산악자전거 마니아들.

알펜로제가 피어있는 완만한 산길을 걸어오르면 포제트 고개다.

발므 고개로 향하는 길에서 만난 트레커들 남녀노소 누구나 즐길 수 있는 곳이다.

산길 좌우로 알펜로제가 피어있다. 채 20분이 걸리지 않아 고갯마루다. 이제부터 몽블랑 산군이 한눈에 건너다보인다. 바로 건너편 투르 빙하에 솟은 에귀 샤르도네에서부터 아르장티에르, 베르트와 드뤼, 그리고 샤모니의 침봉들과 저 멀리 몽블랑이 한눈에 보인다.

이제 남동 사면을 가로지르며 완만하게 이어진 넓은 산길을 따라 발므 고개로 향한다. 오른편 저 멀리 펼쳐진 몽블랑 산군과 그 아래의 샤모니 계곡을 줄곧 바라보며 걷는다. 발아래에 펼쳐진 알파인 초원에는 젖소들이 열심히 풀을 뜯고 있다. 점점이 흩어져 있는 그들이 내는 울음소리와 함께 목가적인 알파인 풍경을 느낄 수 있다. 예전만 못하겠지만 이 발므 언덕은 알파인 목장으로 유명했던 곳이다. 눈이 녹고 풀이 자라나는 초여름이면 계곡 아래의 목장지기들이 수많은 소들을 이곳으로 몰고 와 풀어 기르고 우유로 치즈까지 만들어 내려갔다고 한다. 그리고 이곳서 소싸움까지 했다는데, 그 전통은 이제 발로신 마을의 소싸움 행사로 이어지고 있다.

비스듬히 오르는 산판도로처럼 너른 산길을 오른다. 간혹 산악자전거들도 지나다니는 길이다. 1시간도 걸리지 않아 발므 고개에 위치한 발므 산장(Refuge du Col de Balme 2,191m)이다. 프랑스와 스위스의 국경선상에 위치해 있는 산장으로서 나름대로 운치가 있다. 산장 옆 풀밭은 트레커들이 쉬며 주변 풍경을 즐기곤 한다. 이곳까지 오른 산악자전거 맨들은 발므 고개 정상에 가는 이들도 있지만 스위스의 트리앙(Trient) 마을로 다운힐을 즐기는 이들이다. 트리앙으로 자전거를 타고 내린 그들은 도로를 따라 국경을 넘어 발로신에 와 곤도라를 타고 다시 이곳으로 올 수 있기에 이곳은 자전거 마니아들에겐, 특히 다운힐을 즐기는 이들에겐 좋은 지역이다.

발므 언덕에서 풀을 뜯는 황소.
뒤는 드뤼다.

발므 정상에 누군가 걸어둔 룬다 깃발 아래로 몽블랑 산군이 보인다.

포제트 고개로 향하는 트레커들

프랑스와 스위스의 국경 경계비

발므 정상(Tete de Balme 2,321m)에 가기 위해 다시 걷는다. 우선 크로와 더 페르(Croix de Fer, 2,343m) 사이의 고개로 이어지는 완만한 산길을 오른다. 이제부터 스위스 땅이다. 북동 사면에 눈이 있지만 쉽게 고갯마루에 선다. 북동쪽에 위치한 거대한 인공호수 에모송(Emosson) 댐이 건너다보인다. 자연을 이용하는 스위스 사람들의 노력을 짐작할 수 있을 정도로 거대한 협곡을 가로막아 만든 댐으로서 관광객들도 많이 찾는 곳이다. 고개에서 완만한 풀밭 길을 따라 발므 정상으로 오른다. 몽블랑 산군을 눈앞에 두고 걷는 게 좋다. 이윽고 정상에 선다. 사방의 풍광이 한눈에 들어온다. 다시 프랑스와 스위스의 국경선에 선 셈이다.

이 즈음이면 점심때라 정상 아래 풀밭에 자리를 펴고 앉는다. 점심을 맛있게 먹고 또 출발이다. 에귀 데 포제트(Aig. des Posettes, 2,201m)를 넘어 투르 마을(Le Tour, 1,479m)로 내려가야 한다. 한동안 풀밭을 걸어 내린다. 물론 국경선이다. 얼마 가지 않아 국경선을 표시하는 경계비가 나타난다. 그러고 보면 이 국경선을 사이에 두고 몇 백 년 전까지만 해도 분쟁들이 끊이지 않았다고 한다. 산행 출발지인 발로신까지 진출한 남쪽의 사보아인들과 지금의 스위스 국경쪽 계곡에 살고 있던 북쪽의 살방 사람들과의 삶의 영역문제였다. 앞뒤면의 문양이 다르게 그려진 국경경계비는 수많은 역사적 사건들을 간직한 채 비바람에 씻기며 300년 가까이 그 자리에 서 있었다.

국경선에서 완전히 프랑스 땅으로 들어와 포제트 고개로 내려간다. 몇몇 산악자전거들이 쏜살같이 내려간다. 4시간만에 제자리로 돌아와 고개에 이른다. 이제 길은 오르막이다. 포제트 봉에 오르기 위해 한동안 능선 길

발므 정상으로 이어진 길은 완만하다.
6월 말까지 잔설이 남아있다.

을 걷는다. 오른편에는 발로신 계곡을 왼편에는 투르 빙하를 보며 걷다보면 포제트 정상이다. 발므 정상에서와는 또 다른 풍광이다. 바로 건너편의 투르 빙하가 한눈에 보인다. 23km 길이의 샤모니 계곡을 한눈에 내려다 볼 수 있는 전망대를 꼽으라면 이곳을 추천하고 싶다. 이제는 줄곧 몽블랑 산군과 샤모니 계곡을 앞에 두고 능선을 따라 걷는다. 물론 이 길은 몽블랑 일주 코스 중 하나기에 큰 배낭을 지고 걷는 이들도 보인다. 하지만 대체로 당일 산행을 즐기는 이들이다.
 알펜로제가 피어 있는 2,000m 대의 알파인 지대를 한동안 걸어 내린다. 이어 차츰 고도를 낮춰 키 큰 전나무들이 나타날 즈음 길은 투르 마을로 방향을 튼다. 왼편인 동쪽이다. 계속해서 시원한 숲길을 걸어 내린다. 마을에 다가갈수록 아름드리 전나무 숲의 운치가 좋다. 이윽고 산행 종착지인 투르 마을이다. 샤모니 계곡 가장 북쪽에 위치한 마을이기에 눈이 가장 먼저 내리고 아담한 교회가 있는 작은 산간마을이다. 이 마을을 둘러보면서 빠뜨릴 수 없는 옛 가옥이 하나 있다. 낡아 수차례 개보수를 한 2층 집 나무 난간에는 제라륨 등 온갖 꽃들로 장식되어 있다. 백 여 년 전에 에드워드 윔퍼와 활동한 유명한 산악가이드 미쉘 크로(Michel Croz, 1830~1865)의 생가이다. 윔퍼의 마터호른 초등시에 실질적인 등반리더였던 그는 하산시 추락사한 네 명 중 한 명이었다. 현관 옆 정면벽에는 프랑스 산악회에서 그를 기리기 위해 헌정한 대리석 추모비가 붙어 있다. 거기엔 간단히 '에끄랑, 세르벵(마터호른) 등을 오른 승리자 미쉘 크로'라고 적혀 있다. 투르 마을을 둘러보면서 마터호른 초등뿐 아니라 미쉘 크로라는 인물을 생각해보는 것도 좋을 듯 싶다.

아침햇살을 받은 발므 산장

발므 산장 뒷편 언덕에서 맞이한 아침풍경.
샤모니 계곡을 사이에 둔 몽블랑 산군과
에귀 루즈 산군이 깨어나고 있다.

혼자만의 시간을 즐긴다

 이곳 생활이 좋은 것은 혼자만의 시간을 많이 가질 수 있다는 점이다. 많은 현대인들은 혼자 있게 되면 왠지 외톨이가 된 듯 하고 외로움을 느끼는 경우가 많다고 하며 불안해하기까지 한다고들 하지만 나는 오히려 혼자임을 즐기는 편이다.
 몇날 며칠 혼자 있다 보면 사람이 그리울 때가 많다. 바로 그때 만나는 즐거움은 삶의 덤이다. 숙소에는 텔레비전이 없다. 그리고 나는 핸드폰도 사용하지 않는다. 핸드폰의 굴레에서 벗어난지 오래다. 그리고 신문도 잘 보지 않는다. 하루에 한두 번 시내에 나갈 때 가지고 나가는 노트북으로 접속한 인터넷에서 잠시 잠깐 한국의 인터넷 신문 한두 개의 주요 머리기사 정도는 훑어본다.
 숙소 한쪽 벽면에 텔레비전을 놓을 공간이 있지만 들여놓지 않았다. 핸드폰 또한 산행 혹은 등반 중에도 걸려와 배낭을 벗어놓고 받는 불편을 감수하기 싫어, 더구나 나 같은 이에게는 세상사 그리 급할 일도 없어 팽개쳐 버렸다. 물론 세상 사람들과의 소통을 완전히 끊고 살 수는 없어 인터넷은 하고 있다. 이 모든 것들은 사람답게 자유롭게 살기 위해 내가 택한 선택들이다.
 종종 찾는 발므 언덕의 풀밭에 누워 하늘을 본다. 두둥실 떠있는 구름과 함께 나는 완전한 자유인이 된다. 알프스 산골에 살지만 마음은 이 세상 어디든 떠돈다. 그리고 내가 누운 대지와 하나 되는 느낌이 좋다. 대지에 녹아들어 이 지구별 안으로 사라지고 대지가 내 안으로 스며드는 느낌이 좋다. 산이 좋고 자연이 좋고 그 안에서 즐기는 혼자만의 시간이 좋다.

혼자 민들레 꽃밭을 걷는 즐거움은 크다.

포제트 고개를 지나는 트레커들 뒤로
드뤼와 에귀 베르트 등이 보인다.

발므 고개 산장 앞에서 연을 날리는 어린이.

산행길잡이

 발므 고개 산행은 험하지 않기에 남녀노소 누구나 즐길 수 있는 코스다. 포제트 고개로 오르는 곤도라가 몇 년 전에 건설되어 산행출발은 발로신으로 잡는 게 좋다. 샤모니에서 몽블랑 익스프레스 산악열차를 이용하면 약 30분이면 닿는다. 샤모니의 숙박업소에서 무료로 발행하는 'Carte d' Hote'를 지참하면 무료로 승차할 수 있다. 물론 산행이 끝나는 투르 마을에서 이용하는 버스도 무료로 이용할 수 있다. 한편 산행시 이 코스에서는 물을 구할 수 없기에 충분하게 준비하는 게 바람직하다.
 1박 2일 산행을 한다면 발므 산장(전화번호: 0450540514)에서 자거나 산장 주변 풀밭에서 캠핑을 권할만 하다. 이곳서 맞이하는 몽블랑 산군의 일몰 및 일출이 장관이기 때문이다. 발므 언덕에는 민들레 꽃밭이 좋다. 7월 초중순이면 수많은 민들레가 노란색으로 푸른 언덕을 수놓는다. 물론 2,000m 아래에는 알핀로제도 많이 피며 그 사이사이로 각종 야생화들이 많이 피어나기에 사진가에게는 이 발므 고개 주변이 좋은 촬영지가 된다.

포제트 고개를 지나는 트레커들 뒤로 드로와트 북벽과 에귀 자르뎅, 투르 빙하가 보인다.

알펜로제가 피어있는 가운데, 에귀 포제트 허리길을 타고 내리는 산악자전거 마니아. 샤모니 계곡이 한눈에 내려다 보인다. 저멀리 몽블랑과 보송 빙하도 보인다.

포제트 고개 아래 야생화 트롤르(Trolle) 꽃밭 뒤로 펼쳐진 몽블랑 산군의 파노라마.

에귀 포제트를 내려오는 남녀노소 트레커들.

발므 정상에 핀 민들레 꽃밭을 지나는 몽블랑 일주 트레커들. 뒤편에 보이는 산길을 따라 돌아가면 투르 빙하 하단부에 위치한 알베르 프르미에 산장이 나타난다.

10월초, 잔설이 내린 다음날 투르 마을의 한산한 거리 풍경. 투르 마을은 발므 고개의 산행기점으로서 눈이 가장 먼저 많이 내리는 마을이다. 골목안 화분이 걸린 집이 미셀 크로의 집이다.

투르 아래 아르쟝티에르 마을의 거리.
10월초 같은 날이다. 저 멀리 몽블랑과
에귀 뒤 미디가 보인다.

백설의 설원이 펼쳐지는
발므 언덕의 겨울

겨울철 발므 언덕에 오르기 위해선 투르 마을에서 출발한다. 스키 리프트를 이용할 순 있지만 걸어오르는 맛이 좋다.

저 멀리 샤모니 계곡과 몽블랑 산군을
뒤에 두고 설사면을 걸어오른다.

분설이 휘날리는 설사면을 가로지른다.
겨울산행의 맛이다.

빛과 그림자가 좋다.
이런 장면을 위해 종종 발므 언덕에 오른다. 바람에 가루눈이 날리는 설사면을 오르는 산악스키어 뒤로 몽블랑 산군이 얼핏 보인다.

샤모니 계곡에 머물던 구름이 무거운 몸을 털고 국경인 발므 언덕을 넘기에 알프스에서 눈이 가장 많이 내리는 곳 중 하나인 이곳은 스키장으로 유명하다. 눈덮인 이 통로를 벗어나면 슬로프들이 있다.

샤모니 침봉들을 보며 걷는 즐거움이 크다.

바람이 심해 가루눈이 휘몰아친다. 이 정도면 스키장은 문을 닫기에 호젓하게 설사면을 거닐 수 있다.

투른 마을에서 발므 언덕에 오르는 길은 서너 갈래 된다. 가장 우측으로 오르면 샤모니 침봉들을 가장 잘 볼 수 있다.

앞에 보이는 설릉의 안부 너머에 발므 산장이 있다.

프랑스와 이태리 국경선상에 위치한 발므 산장. 좌측 언덕이 발므 정상이다.

산악스키 바닥에 붙이는 실(스킨).
십년 즈음 사용하다보니 제짝이 아니다.

5년 전만 해도 겨울 스키시즌에도 산장문을 열었지만 요즘은 여름철에만 문을 연다. 나이드신 부부가 손자뻘 되는 젊은이 하나와 산장을 운영한다.

산장을 뒤로 하고 발므 정상으로 오른다.
이제부터 스위스 땅이다.

정상에서 몽블랑 산군을
앞에 두고 내린다.

발므 정상에 오른 이들. 일반스키어들도 리프트 정상에서 스키를 메고 약 20분이면 오를 수 있다.

한겨울에도 좋지만 군데군데 눈이 녹아 있는
봄철에 발묵 언덕에 오르는 즐거움도 크다.

투르나 발로신 마을까지 줄곧 내려간다.
이렇게 반나절이면 리프트를 이용하지 않고 발로 언덕을 오르내릴 수 있다.

투르 마을의 설경.

마을 교회 뒤로 저 멀리 투르 빙하가 보인다.

산골 정취가 남아 있는
투르 마을 골목.

8-세르보의 알파인 호수들

마그네슘 함량이 많아 초록빛이 짙한 락 베르를 둘러보는 트레커들.

 사진을 즐겨 찍는 내가 몽블랑 산군을 벗어나 1년에 한번은 찾는 알파인 호수들이 있다. 세르보(Servoz)의 알파인 호수들이다. 세르보는 샤모니에서 기차로 30분 즈음 떨어진 해발고도 800m에 위치한 아름다운 산간마을이다. 숲으로 둘러싸인 전형적인 알프스 산골인데, 남향의 산비탈에 아담하게 마을이 형성되어 있어 누가 보아도 살기 좋은 땅임이 분명해 보인다.
 샤모니와는 달리 길가에 심어져 있는 각종 유실수, 즉 자두나 사과나무만 보더라도 이 땅의 비옥함을 알 수 있다. 물론 저 멀리 솟아있는 몽블랑의 하얀 언덕이 바라보이기도 해 더없이 풍요로움을 느낄 수 있는 마을이다. 바로 이 세르보 마을을 기점으로 찾아볼 수 있는 멋진 알파인 호수 락 베르(Lac Vert)와 락 포르메나(Lac Pormenaz)에 찾아간다.

세르보에 흔한 자두나무 사이로 보이는 교회.
저 멀리 몽블랑이 보인다.
9월이면 마을에 자두가 흔하다.

산행기

 6월 중순, 락 베르를 제외하고 2,000m 지대의 알파인 호수들을 둘러보기에 이른 시기지만 이제껏 이때 락 포르메나를 찾아본 적이 없어 길을 나선다. 아침 7시 40분의 샤모니발 세르보행 첫 기차에 오른다. 몽블랑의 침봉들 너머로 이제 막 내리꽂히는 아침햇살이 따스하다. 상쾌한 아침공기를 가르며 산악열차 몽블랑 익스프레스는 샤모니 계곡을 내려간다.
 세르보의 기차역에 이른 다음, 마을 외곽의 큰 다리를 지나 시내에 들어선다. 이른 시각이라 거리가 조용하다. 본격적인 산행은 협곡관광으로 유명한 디오자(Diosaz) 계곡 건너편에서 시작된다. 길은 언덕에 위치한 아름다운 알프스의 샤렛들 사이로 이어져 있다. 우선 락 베르로 이어지는 이정표가 잘 되어 있어 길 잃을 염려는 없다. 온통 자두 및 사과나무가 즐비한 골목길을 계속해서 오른다. 8월 중순만 되어도 가지들이 휘어질 정도

락 베르는 차량으로 접근시 호수 앞까지 올 수 있어 일반인들도 많이 찾는다.

세르보 마을의 일반농가. 관광화가 된 샤모니와는 다른 소박한 모습이다.

로 주렁주렁 매달려 있을 나무들인데, 초여름에는 콩알만 한 열매만 맺고 있다.

아담한 정원에 각종 꽃들이 아름답게 피어있는 통나무집을 마지막으로 산비탈에 위치한 산골마을 세르보를 벗어난다. 길은 계속해서 울창한 숲 사이로 나 있다. 보다 고도가 높은 샤모니 쪽과는 달리 이곳은 활엽수가 많다. 이제 막 솟아나 자라는 연두색의 나뭇잎은 언제 보아도 기분이 좋다. 신선한 공기를 열심히 뿜어내는 수많은 잎들을 스쳐 지나며 가슴깊이 심호흡을 한다. 발걸음 가볍게 오르다보면 어느덧 초록호수인 락 베르다. 세르보 기차역에서 2시간 걸린다.

울창한 숲으로 둘러싸인 조용한 호수가 눈에 들어온다. 둘레가 400m 정도 되는 아담한 호수다. 녹음이 우거진 호수 주변의 나무들로 인해 더 진한 초록빛을 띤다. 이렇게 호수물의 색깔이 초록인 이유는 마그네슘 함량이 많기 때문이란다. 호수에 비친 침엽수림 너머로 몽블랑의 하얀 눈 언덕이 살짝 고개를 내밀고 있다. 숲속의 요정이 살고 있음직한 고요한 수면에 나무와 아침햇살이 비친다. 시간적인 여유만 있다면 이 호수 주변에서 하룻밤 머물고 싶지만 발걸음을 재촉한다. 또 다른 알파인 호수 락 포르메나에 찾아가기 위해서다.

북동 방향으로 이어진 산길을 따라간다. 이정표가 잘 되어 있다. 숲속에 난 작은 언덕을 오르내린 후, 숲에서 벗어난다. 시야가 트인다. 그만큼 고도가 높아진 탓이다. 계속해서 이어진 산길 좌우로 몇몇 오두막들이 있다. 주로 여름철에나 이용하는 별장이나 목장들이다. 아직은 철이 일러 모두 문이 닫혀 있다. 이제 큰길에서 벗어나 노란 민들레가 흐트러지게 피어있는 꽃밭을 지난다. 곧 급류가 흐르는 개울이 나타난다. 한참 아래로 우회해 작은 나무다리를 건넌다.
 이제부터 급경사의 오르막이다. 몇몇 구간에는 쇠사슬이 설치되어 있다. 태양빛이 머리맡까지 닿아 덥기 시작한다. 무거운 발걸음을 옮기며 계속해서 오른다. 등 뒤로 저 멀리 숲 아래의 세르보 계곡이 보인다. 3시간 만에 1,200m 이상 오른 셈이다. 이윽고 마지막 언덕을 올라 넓은 눈밭을 지나 작은 눈 언덕을 오르니 호수가 눈에 들어온다. 눈과 얼음이 다 녹지 않아 호수의 수면은 마치 질펀한 설원 같다. 6월 중순인데도 완전히 녹지 않은 모습이다. 조심스럽게 호수를 한 바퀴 돌아본다. 경사진 설사면을 주의하여 횡단한다. 혹 자칫 잘못해 미끄러지면 그대로 얼음 속으로 빠질 판이다. 어떤 곳은 꽤나 깊은지 시퍼래서 위협적이다. 잔뜩 긴장하며 시계반대방향으로 돌아간다.
 호수를 반 즈음 돌았을 때다. 얼음이 가장 많이 녹은 구간의 호숫가에 사람이 한 명 앉아 있다. 그리고 그는 낚싯대를 드리우고 있다. 해발 2,000m가 넘는 이 높은 알파인 호수에, 게다가 얼음이 둥둥 떠 있는 물속에 물고기가 살리라곤 생각지 않았기에 놀랍기까지 하다. 물론 또 다른 알파인 호

6월의 포르메나 호수는 완전히 녹지 않았다. 저 멀리 피츠 암군을 배경으로 호수를 둘러본다.

수에서 낚시를 하는 모습을 보긴 했지만 이 호수에도 고기가 있으리라곤 생각지 않았다. 조용히 낚싯대를 드리우고 있는 강태공에게 인사말을 건네고 계속해서 호수를 한 바퀴 돈다. 얼음이 많이 녹은 양지바른 호숫가에는 개구리들이 한창 잠에서 깨어나고 있다.

서쪽에 펼쳐진 피츠 암군(Rochers des Fiz)이 호수에 담긴 모습을 카메라에 담고 싶었지만 둥둥 떠 있는 얼음 때문에 단념하고 이제는 앙테른 산장으로 향한다. 산장 앞으로 난 산판도로를 따라 하산하는 편이 수월하기 때문이다. 몇 번 눈밭을 지나고 눈이 녹아 흐르는 개울도 지난다. 눈 녹은 양지바른 풀밭에는 크로커스가 잔뜩 피어있다. 알파인 지대에서는 이제 봄이다. 봄의 아름다움을 즐기며 협곡 오른편의 둑길을 따라 걷는다. 이제 오른편인 동쪽으로 시야가 트인다. 에귀 루즈 산군 너머 저 멀리 몽블랑 산군이 펼쳐져 있다. 멀리서 보니 몽블랑이 다른 봉우리들에 비해 더욱 높아 보인다. 샤모니 계곡에서 올려다볼 때와는 달리, 즉 가까이 있을 때 높아 보이던 봉우리들이 진정한 1인자 앞에서 잔뜩 웅크리고 있다.

이제 앙테른 산장에 이른다. 산장지기인 듯한 두 사람이 개장준비를 하느라 분주하게 움직이고 있다. 오를 때와는 달리 산판도로를 따라 하산한다. 길 곳곳에 눈이 있어 차가 오를 정도는 아니다. 모든 얼음이 녹고 다시 얼어붙기 전에 다시 한 번 포르메나 호수를 찾아보길 희망하며 세르보까지 긴 하산길에 접어든다.

하룻밤 묵으며 알파인 호수를 둘러보기 좋은 앙테른 산장.
에귀 루즈 너머로 몽블랑 산군이 펼쳐져 있다.

7월, 포르메나 호수가 녹았을 때
수면에 비친 피츠 암군.

저 멀리 피츠 앙군 오른편 안부가 앙테른 고개이며, 그 너머에 앙테른 호수가 있다.

해발 800미터 고지의 아늑한 분지에 자리 잡은 세르보 마을 중앙에 위치한 교회.

산행길잡이

샤모니서 세르보까지의 대중교통편은 산악열차인 몽블랑 익스프레스뿐이다. 샤모니에서 열차로 30분 거리에 위치한 세르보까지 요금은 3.2유로며 아침 7시 40분부터 약 한 시간 간격으로 저녁 8시 40분까지 운행한다. 샤모니 숙박업소에서 무료로 발행하는 'Carte d' Hote'가 있으면 무료로 승차할 수 있다.

이 지역의 알파인 호수를 둘러보기 위한 입장료는 없다. 당일 산행을 위해선 아침 첫차가 바람직하며, 1박 2일인 경우 앙테른 산장을 이용하거나 호수 주변에서 캠핑도 가능하다. 트레킹 시기는 6월말부터 9월까지 좋으며 시기별로 각종 야생화들이 호수 주변 풀밭에 피어난다. 그외 시즌에는 눈이 많아 설피를 신고 산행할 수 있다. *앙테른 산장 전화번호 : 0450936043/0450780209 *이용료 : 조석식 포함 1박에 약 40유로

가정집 외벽에 걸려 있는 해시계.

세르보 기차역. 샤모니로 돌아가기 위해 몽블랑 익스프레스를 타야 한다. 몽블랑을 향해 기차선로가 뻗어있다.

흐름을 담다

세상 모든 것들이 흘러간다. 물이 흐르고, 구름이 흐르며, 시간도 흘러간다.
사랑도 청춘도 추억도. 아무리 아름다웠던들 아쉽고 안타깝지 않은 게 있을까. 그렇게 보면 늘 그 자리에 있는 산보다 믿음직한 게 있을까. 그 다음이 바로 그런 흐름의 순간을 포착해두는 사진, 사진이 좋은 이유다. 무심코 혹은 자의든 타의든 흘려버렸던 모든 것들, 그 후 후회한 적이 얼마나 많던가. 물론 그 흐름을 누가 막으랴. 하지만 조금이라도 덜 후회하길 바라며 열심히 찍고 또 찍는다.

디오자 협곡의 통나무

 살렝통 고개에서 발원해 남쪽으로 흘러내리는 디오자 계곡(Vallee de la Diosaz)은 세르보 마을까지 이어진다. 알파인 초원을 거쳐 목장을 지나는 계곡물은 세르보 마을 어귀에서는 엄청난 기세로 협곡을 지나 마을 앞에서 그 기세를 누그러뜨리며 보통의 하천으로 흘러내린다. 바로 그 협곡(Gorges de la Diosaz)을 100여 년 전에 개발해 사람들은 급류가 깎아낸 미로의 협곡 깊숙이 들어가 볼 수 있게 했다. 여름이면 좋은 피서지가 되며 겨울에는 각종 형상의 고드름이 볼만한 곳이다. 나 또한 종종 이곳을 찾는다.
 알프스의 다른 어떠한 곳을 트레킹 하더라도 입장료가 없지만 이곳은 유료(4.3유로)다. 유난히 더웠던 어느 여름, 콸콸 쏟아지는 급류에 더위를 씻기 위해 나는 세 번이나 찾았다. 친구들과 함께 갔을 때였다. 협곡 중간 즈음에 거대한 폭포가 있는데, 폭포를 타고 떨어졌던 아름드리 통나무가 폭포 아래의 넓고 둥근 소에서 자꾸만 맴돌고 있었다. 아래로 떠내려가기 위해 소의 출구 쪽으로 이동하다가도 폭포의 거대한 물살에 그만 안쪽으로 떠밀려가길 되풀이 하고 있었다. 한참이나 지켜보면서 혹 저 통나무가 성공적으로 소를 빠져 나가지 않을까 기대했지만 통나무는 소 안에서만 맴돌고 있었다.
 하산하면서 우리는 "저 통나무가 언제 저 소에서 빠져 나와 이 협곡을 거슬러 내려 강을 지나 바다에 닿을까?"라는 걱정까지 했다.
 몇 주 후 또다시 디오자 계곡에 갈 기회가 생겼다. 낙엽송들이 줄지어 선 계곡 입구에선 가을 냄새가 완연했다. 한여름철의 급류였을 때 희뿌옇더니 수량이 반으로 줄어 계곡물 또한 맑았다. 협곡 중간 즈음의 바로 그 폭포에 닿았다.
 그때서야 나는 그 통나무가 생각났다. 한데, 아무리 찾아보아도 통나무는 보이지 않았다. 계곡물이 줄었기에 소로 떨어지는 폭포의 낙차력으로는 중력의 법칙에 따라 떠내려가고자 하는 통나무를 감당하지 못했던 것이다. 나의 짧은 생각으로는 바로 몇 주 전만 해도 그 통나무가 언제까지나 폭포가 만든 원심력으로 인해 작은 소 속에서만 맴돌 줄 알았는데 말이다.
 잠시 후 협곡 최상단의 마지막 전망대까지 다녀오고 내려오는 길이었다. 바로 그 폭포에서 약 50미터 아래의 다리에 이르렀을 때 마주쳤다. 그 통나무를. 다시는 못 볼 것 같았던 통나무를 이렇게나 가까이서 보게 될 줄이야. 계곡 바닥의 거대한 바위 사이에 걸려 있었다. 반가웠다.
 하지만 저 통나무는 또 저기에 저렇게 걸릴 운명이었나 생각하면 아름다운 알프스의 샤렛들에 쓰이는 그 수많은 나무들과 다른 그의 운명에 슬픔마저 느껴졌다. 양지바른 곳에서 잘 건조되어 반듯하게 대패질 된 샤렛의 목재와 급류에 떠밀려 물에 젖고 바위에 찢겨진 그 통나무와의 운명적 차이에서 오는 (나의 속된 생각에 연유한) 슬픔이랄까.
 계곡을 내려오면서 여러 생각들이 스쳤다. 하지만 저 통나무는 언젠가는 어딘가로 흘러가겠지. 그걸 한 장소에 붙박혀 살아가는 것과 다른 자유로움이라 생각하면 슬퍼할 일만도 아니라는 생각이 들었다. 저렇게 맴돌다 흐르는 게 인생 아니던가. 저 통나무는 또 떠내려가겠지. 도중에 걸리기도 하다가 또 다시 떠내려가겠지. 몇 번이고 걸리고 흐르고 부딪치고 찢기고 하면서도 포기하지 않고 론 강을 흘러 지중해로 더 넓은 바다로. 그 다음에는? 바다라는 무언가 알 수 없는 곳을 향해 저렇게 맴돌고 흐르고 걸리고 하는 것들. 통나무건 인생이건 걸리지 않고 마냥 흘러가기만 할 수야 있을라고.

*디오자 협곡에 가려면 세르보 기차역에서 하천을 건너 시내로 들어가 로터리에서 오른편 길을 따라 가면 시청이 나온다. 시청을 지나 첫번째 다리를 지난 곳에 매표소가 있다.

9-한적한 알파인 호수
앙테른

여름의 문턱에서야 2,000m 고지의 알파인 호수는 긴긴 겨울잠에서 깨어난다. 이제 막 깨어난 거울 같은 호수면에 비춰보는 알파인 지대의 여름풍광을 어찌 다 글로 표현할 수 있으리. 나무라곤 하나 없는 알파인 지대의 풀밭 언덕을 사이에 두고 위치한 알파인 호수는 태고의 정적미를 간직하고 있으며 호숫가 풀밭에 자리를 펴고 누우면 세상과 동떨어진 자신의 존재를 확인하게 된다. 간혹 나는 늘 눈에 익은 만년설산과 침봉들을 벗어나고플 때가 있다. 더구나 혼자만의 호젓한 산행을 즐기고플 때가 있다. 그럴 때 찾아가는 알파인 호수가 있다.

몽블랑 산군에서 벗어난 알파인 호수로서 앙테른(Anterne, 2,130m)만한 자연미를 간직한 호수는 없다. 이것은 샤모니 서산 브레방(Brevent, 2,525m)에서 서쪽으로 보면 시야에 가장 크게 들어오는 바위 산군 피츠 장벽 아래에 위치해 있다. 수많은 암봉들이 모여 거대한 성곽처럼 둘러쳐신 이 바위 산군의 최고봉 이름 또한 앙테른(Anterne, 2,733m)다.

산행시간

브레방(2525m)-아를레브 다리(1597m) : 2시간
아를레브 다리-앙테른 고개 산장(2002m) : 40분
앙테른 고개 산장-앙테른 고개(2257m) : 40분
앙테른 고개-앙테른 호수(2060m) : 30분
더로스와(Derochoir) 고개-살레(Sales) 산장 : 30분
살레 산장-앙테른 산장 : 2시간
앙테른 산장-앙테른 호수 : 30분

가을색이 완연한 9월의 앙테른 호수. 뒤는 피츠 장벽이다.

산행기

 이곳에 가기 위해서는 세르보 마을에서 올라갈 수도 있으며, 브레방에서 접근할 수도 있다. 우선 케이블카로 브레방에 오른다. 이어 전망대에서 북측으로 나 있는 에귀 루즈 산군 능선길을 따른다. 응달진 사면에는 초여름까지 눈이 남아 있다. 아침에는 설사면이 단단하여 여간 미끄럽지 않다. 혹 잘못하다간 일이백 미터는 족히 나가떨어지기에 정신을 바짝 차려야 한다. 30분만에 브레방 고개(Col du Brevent, 2,368m)에 이른다.
 이제부터 아를레브(Arleve, 1,597m) 계곡 바닥까지 줄곧 내리막이다. 처음 얼마간은 설사면이라 신경 쓰며 내려간다. 설사면을 벗어나 계속해서 내리막을 걷는다. 계곡 바닥까지는 아직 반도 못 내려갔지만 눈이 없는 트레킹 길에 접어들었기에 미끄러질 염려 없이 편하게 걷는다. 도중에 개울물 건너는 몇몇 군데에 아직 잔설이 남아 있어 길에서 우회해야 하지만 차츰 고도를 내리자 눈은 자취를 감춘다.
 2,000m 고지에 자라고 있는 알펜로제는 6월말인데도 꽃을 피우지 않고 있다. 이삼백 미터 더 내려가서야 막 맺힌 알펜로제의 붉은 꽃망울이 눈에

앙테른 산장으로 향하는 트레커들

들어온다. 2시간 즈음 걸어내려 제법 큰 개울가에 이른다. 개울을 건너 좀 더 내려가니 작은 풀밭이 나타난다. 지도에는 샤렛이 있다고 되어 있는데, 지금은 폐허가 되어 돌담의 흔적만 있는 곳이다. 교통이 더 불편했던 옛날에 이곳까지 사람이 들어와 살았다는 증거다.

이제 아를레브 계곡 바닥이다. 북쪽의 몽 뷔에(Mont Buet, 3,096m)에서 발원한 급류 위로 철다리가 나 있다. 다리를 건너자마자 오르막이다. 그늘이라곤 없는 지대다. 긴 내리막에서 후들거렸던 다리를 쉬려면 다리를 건너기 전이 좋다. 고도를 높여 수목한계선 위로 오르자 야생화들이 길가에 가득 피어 있다. 노란색, 흰색들이 지천이다. 꽃밭 사이의 진창길을 한참 오르면 알파인 목장이다. 여름철이면 이곳 목초지에서 알프스의 소방울

알파인 목장의 젖소들 뒤로
피츠 장벽이 펼쳐져 있다.

앙테른 고갯마루에서는 몽블랑 산군이 한눈에 건너다보인다.

소리가 요란하게 울려 퍼진다.
 노란 야생화 사이로 난 오솔길을 걸어 오른다. 오른편 저 멀리 앙테른 고개 산장(2,002m)이 눈에 들어온다. 큰 길을 따라 곧장 가면 산장이다. 평탄한 길을 따라 산장에 이른다. 산장에서 바라보이는 몽블랑 산군의 파노라마가 시원하다. 이제부터 앙테른 고개(Col d'Anterne, 2,264m)까지 줄곧 오르막이다. 한 30분 열심히 오르면 찬바람이 땀을 씻어주는 고갯마루다. 몽블랑 산군이 더한층 눈에 잘 들어온다.
 반대편으로는 포르메나 호수 쪽에서 바라본 것보다 더 거대한 바위벽들이 병풍처럼 펼쳐져 있다. 족히 육칠백 미터 높이다. 등반코스가 있다고는 하지만 바위면이 너무 반들반들하다. 고갯마루에선 앙테른 호수가 커다란

앙테른 호숫가에서 쉬며 양말을 말리는 트레커들.

 언덕에 가려 보이지 않는다. 설사면을 타고 내린다. 북향의 사면이라 호수까지 줄곧 눈밭이다. 모퉁이 하나를 돌자 알파인 산록과 흰 눈, 에메랄드빛 호수가 한눈에 들어온다. 이런 곳에 이처럼 크고 아름다운 호수가 있을까 싶을 정도다. 포르메나 호수나 샤모니쪽 알파인 호수들보다 크고 넓은 알파인 초원에 자리잡아 한층 분위기가 새롭다.
 해가 기울어 호수로 내려가 야영을 준비할 시간이다. 거대한 피츠 장벽에 가려 그늘져 있는 호숫가로 내려선다. 30분 즈음 내려가 호숫가에 이른다. 캠핑은 호수 동쪽 풀밭이 좋다. 주변 어디든 풀밭이 편편해 텐트치기가 좋다. 먼 길을 오르내린 피곤함을 풀며 저녁을 지어먹고 어둠에 잠기는 알파인 호숫가의 풍경을 즐기며 밤을 맞는다. 잠시 초저녁잠을 자고 한밤중에 나와 보면 또 다른 풍경을 대면하게 된다. 거대한 장벽의 검은 형체가 밤하늘을 배경으로 우뚝 솟아 있고 밤하늘의 별들이 호수에 쏟아진다. 눈 덮인 몽블랑 쪽 설원에서 맞이하는 밤풍경과는 사뭇 다르다.
 이렇게 밤놀이에 취하다보니 늦잠을 자는 경우가 많다. 이미 해가 피츠 장벽에 닿아 있다. 급히 카메라를 챙겨들고 텐트 밖으로 나온다. 한창 진행 중인 일출 장면에 어디부터 사진기에 담을지 허둥댄다. 일찍 일어나 준비하지 못한 잘못이다. 호수 좌우를 오가며 촬영하지만 성에 차지 않는다. 태양은 훌쩍 떠올라 카메라를 집어넣을 시간이다. 늦잠 때문에 제대로 찍지 못한 반성을 하며 텐트로 돌아온다. 버너를 피워 아침을 먹는다.

호수에 달이 담겨 있다.

아침햇살을 받은 피츠 장벽의 위용.
좌우로 또다른 장벽들이 이어져 있다.
호숫가 노란점이 이틀밤 묵은 텐트다.

 한껏 떠오른 태양이 이슬에 젖은 텐트 천장을 말리고 내부를 따뜻하게 데운다. 책읽기 딱 좋은 환경이다. 호숫가 텐트 안의 망중한을 즐기기 위해선 산행 시 책도 가지고 다닐 법 하다. 텐트 바닥에 누워 책을 읽다 지겨우면 바깥 풍경을 즐긴다.
 점심때가 되자 작렬하는 태양열에 텐트 안이 무더울 지경이다. 할 수 없

호숫가를 지나는 트레커 뒤로
피츠 장벽이 펼쳐져 있다.

호수 아래 30분 거리에 위치한 앙테른 산장(1,810미터). 산장 뒤 피츠 장벽에 500~800미터 높이의 암벽등반 루트들이 개척되어 있다.

 이 바람도 쐴 겸 호수를 한 바퀴 돈다. 몇몇 트레커들이 호수를 사이에 두고 지나가고 있다. 어떤 이들은 넘치는 젊음을 한껏 발산하듯 납작 돌로 열심히 수제비를 띄운다. 태양빛에 부서지는 호수 면에 그들 청춘의 희망도 띄우는 것이리라. 호숫가 한쪽 모퉁이를 가만히 들여다보니 버들치들이 떼를 지어 오고가고 있다. 몇 년 전에 이곳에서 낚시하는 이들을 보며 과연 물고기가 있을까 궁금했던 차에 이처럼 많은 버들치를 보니 큰 물고기도 확실히 있을 것 같다.
 이제 태양은 피츠 장벽을 넘어가고 있다. 육칠백 미터 높이로 1km 이상 펼쳐져 있는 바위벽은 너무 밋밋하고 가팔라 오를 엄두가 나지 않는다. 하지만 이곳에도 개척의 기운이 감돌고 있었다. 몇 년 전에 이곳에 왔을 때 두 명의 클라이머가 루트를 개척하고 있었다. 망원경을 보던 그의 친구들이 보여준 등반 가이드북에선 이미 서너 개의 루트가 나 있었다. 한국의 산악인들 또한 이곳으로 눈길을 돌려봄직하다. 먼 오지로 가 한두 코스만 오를 게 아니라 이렇게 입지조건이 좋은 곳에서 보다 많은 루트를 개척해도 좋겠다.
 벌써 저녁이다. 저녁을 먹고 피츠 장벽 반대편 언덕으로 올라간다. 얼마 오르지 않아 장벽에 가려졌던 저녁햇살을 받는다. 찬바람에 맞이하는 따뜻한 해가 반갑다. 길이 없는 언덕길을 무작정 올랐더니 바위면에 막혀버린다. 멋진 저녁풍광을 기대해 올랐건만 가져간 카메라를 꺼내지도 못하고 내려온다. 호숫가엔 정적이 감돌고 있었다. 차 한 잔을 끓여 마시며 잠시 호수의 고요를 즐긴다. 적막감이 싫지 않다. 바로 이 무료함을 즐기기 위해 이곳으로 오지 않았던가.

호수에 낚싯대를 드리운 노부부의 황혼이 아름답다.

앙테른 고개에서는 몽블랑 산군의
파노라마가 한눈에 들어온다.

더로스와 고개(Derochoir 2,210m)에서 본 파노라마.

더로스와 고개에서 30분 거리에 위치한 살레 산장.

산행 길잡이
 산행기점은 브레방 전망대와 샤모니에서 버스로 30분 소요되는 세르보 (Servoz) 마을이다. 1박 2일 산행은 빠듯하기에 충분히 시간적인 여유를 가지면 호수 외에 주변의 가볼 만한 곳들도 충분히 들러 볼 수 있다. 더로스와 고개를 넘어 피츠 장벽을 일주하는 코스도 있는데, 하루면 가능하다. 브레방에서 샤모니행 마지막 케이블카는 오후 4시 45분이다. 한편 샤모니에서 세르보까지는 생제르베로 내려가는 기차를 이용하면 된다. 산행 중앙테른 고개 산장(전화번호:04 50 93 60 43)을 이용할 수도 있으며 호수 주변에서 야영할 수도 있다. 단 야영은 일몰과 일출 사이에만 가능하다.

살레 산장 주변에는 동굴 탐험을 하는 곳도 있다.

완전히 눈에 덮이기 전인 11월에 찾은 앙테른 호수. 한적한 호숫가를 거닐고 있다.

이곳이 더 친숙하다

 긴긴 겨울이 끝나는 이곳의 5월, 2,000m 고지의 알파인 지대에는 아직도 눈이 많다. 하지만 모든 스키장이 문을 닫고 겨울시즌의 끝이라 샤모니 마을도 텅 빈다. 현지인들은 이때에야 휴가를 간다. 주로 따뜻한 남쪽 지중해 해변으로 간다. 클라이머들도 끼리끼리 따뜻한 암장을 찾아 등반투어를 간다. 그들을 보면 내 마음도 들떠 그리운 이들을 만나러 잠시 한국에 다녀온다. 삼겹살에 소주를 마시고 깍두기 하나에 막걸리 한잔 마신 후, 동해바닷가에서 양팔 벌려 고함 한번 치고 나면 가슴이 펑 뚫린다. 뭐 특별히 가슴에 맺힌 거라곤 없지만 그렇게라도 하고 나면 좋다.
 세계 곳곳의 산들을 돌아다니고 알프스에 와 있지만 조국과 고향, 그리고 그 속의 사람들과의 연은 끊을 수 없나 보다. 그럴수록 더 보고 싶고 그립기 때문이다. 그렇게 한 달 간 다녀오면 알프스가 그렇게나 더 좋아 보일 수가 없다. 이제는 이곳이 더 친숙하게 느껴지는 건 어쩔 수 없다. 이곳의 상쾌한 공기만으로도 즐겁다. 6월에 돌아온 알프스는 이제 슬슬 봄의 향기를 내뿜기 시작했다. 눈 녹은 알파인 지대의 풀밭에는 크로커스 등 온갖 봄꽃들이 피어나면 트레커들도 하나둘 산록을 걷기 시작한다. 알프스를 걷는 이들이 6월 중순부터 많아져 7월초 알프스의 장미 알펜로제가 피기 시작하면 그들의 발걸음은 한결 가벼워진다.
 가을이 일찍 오는 알파인 지대라 9월만 되어도 갈색으로 변한다. 서리가 내릴 때 다시 고향에 다녀오면 겨울이 시작된다. 알파인 호수들은 반년이상 긴긴 잠에 든다. 이제는 친숙한 풍경이 된 한 해의 모습이다.

10-살렝통 고개

몽블랑 자락 샤모니에 거주하는 나는 여름철 등반시즌이 되면 3,000~4,000m의 봉우리들을 오르곤 한다. 빙하의 크레바스 지대를 지나고 빙벽과 암벽을 오르다보면 가끔은 눈 덮인 알파인 지대를 벗어나 한적하게 풀밭 길을 걷고 싶은 때가 있다. 그럴 때 찾는 곳 중 한 곳이 살렝통 고개이다.

9월 중순, 알프스의 가을은 생각보다 빨리 찾아온다. 계절의 변화를 먼저 실감하는 곳은 2,000m 고지의 알파인 지대다. 초록에서 갈색으로 옷을 갈아입는 알파인 초원은 늘 푸근한 정감을 느끼게 한다. 한여름의 왕성했던 생명력이 결실을 맺으며 휴식에 들어가는 풍경 때문이리라. 이런 모습을 즐기면서 몽블랑 산군에서 살짝 벗어나 멀리서 눈 덮인 침봉들을 지켜보기 위해 길을 나선다.

살렝통 고갯마루에서 디오자 계곡으로 내려가는 트레커들.

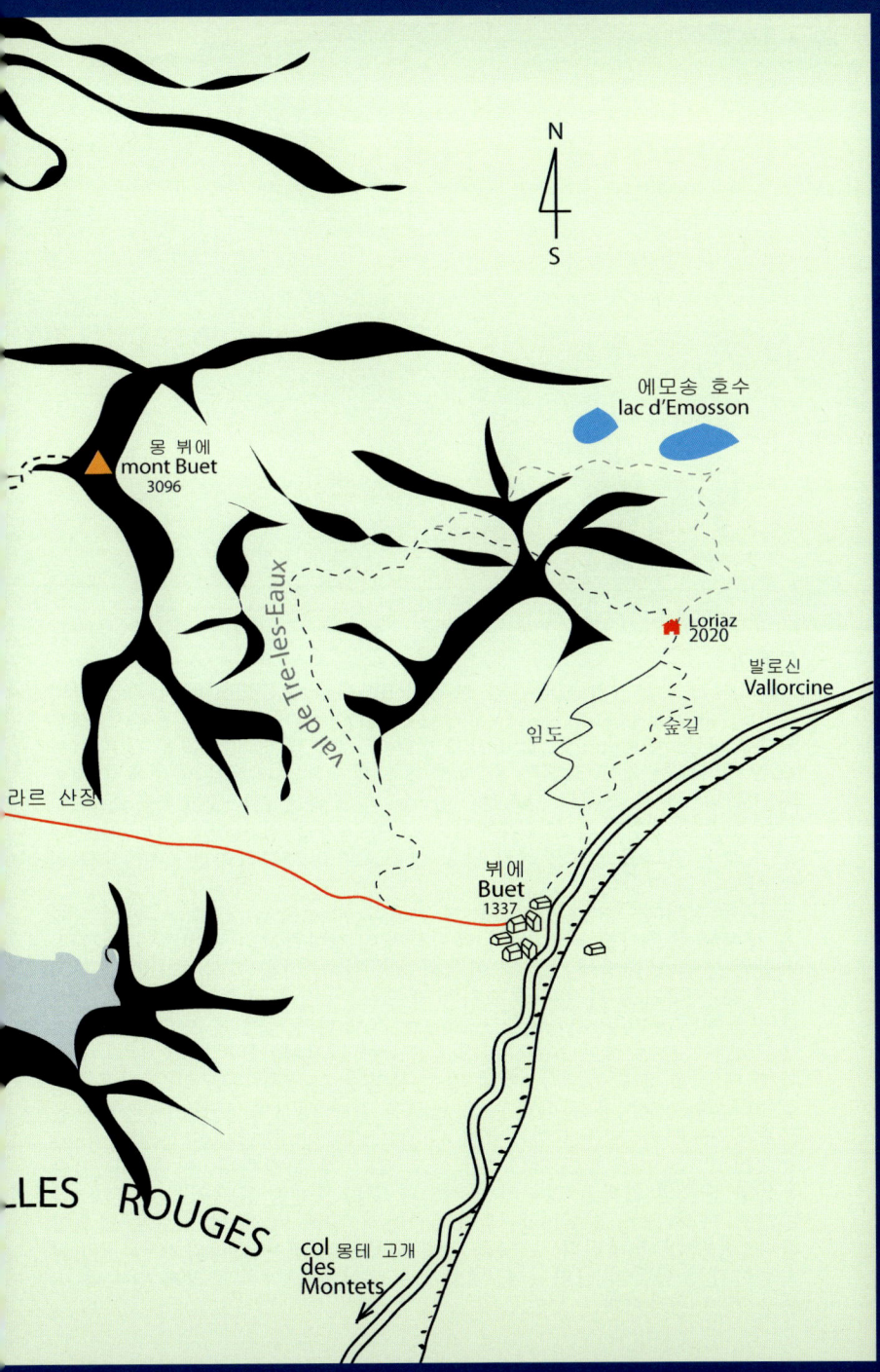

살렝통 고갯마루에서. 저 멀리 피츠 장벽이 보인다.

산행기

 이 코스는 샤모니의 서산격인 브레방(Brevent, 2,525m)에서 피츠 장벽 쪽으로 내려가 디오자 계곡(Vallee de la Diosaz)을 거슬러 올라 살렝통 고개(Col de Salenton, 2,526m)를 넘는다. 살렝통 고개로 가는 길은 이렇게 브레방에서 가도 되지만 락 베르의 산행기점인 세르보 마을에서 출발해도 된다. 몇 년 전에는 세르보(Servoz) 마을에서 줄곧 오르막을 올라 도중에 포르메나 알파인 호숫가에서 자고 이 고개를 넘은 적도 있다. 이번에는 브레방 언덕에서 출발하면 당일 산행으로도 가능하리라 싶어 아침 일찍 샤모니를 떠난다.
 구름 한 점 없는 화창한 날이다. 프랑 프라(Plan Praz, 2,000m)까지 새롭게 가설된 곤도라를 타고 올라 케이블카로 갈아타고 브레방까지 오른다. 바람의 언덕 브레방에 오르니 아침바람이 차다. 이른 아침이라 찬 기운이 남아 있는 대기를 가르며 호젓하게 북으로 난 오솔길을 걷는다. 우선 브레방 고개(Col du Brevent, 2,368m)로 가야 한다. 돌길을 오르내린다. 좌측 저 멀리 피츠 장벽(Rochers des Fiz)이 펼쳐져 있다. 30분도 되지 않아 브레방 고개에 이른다. 이제 길은 몽블랑 산군을 뒤로 하고 서쪽으로 잡는다. 피츠 장벽을 전방에 두고 돌길을 걸어 내린다. 트레커 한 명이 올라오고 있다. 이 시간에 여기까지 온 것으로 보아 꼴 당테른 산장(Refuge du Col d'Anterne, 2,002m)에서 묵고 오는 게 분명하다. 이제부터 길은 몽블랑 산군의 외곽을 일주하는 지도명 GR5 트레킹 트레일을 따른다. 아를레브 다리(Pont d'Arleve, 1,600m)까지 700~800m의 고도를 낮춰야 한다. 한참 걸어 내린다. 고도를 낮춰 나무들이 한둘 나타나자 옛 목장의 허물어진 돌담들이 나타난다. 옛날 목동들이 이곳까지 올라와 양이나 소들을 기른 흔적이다.

앙테른 고개 산장에서 출발한, 한 짐 가득 진 할
아버지 트레커 앞 저 멀리 몽블랑 산군이 보인다.

 이제 태양은 제법 떠올라 이른 아침의 살살한 기운은 사라지고 없다. 고
도를 제법 내렸기에 나무들이 자라는 지점까지 내려왔다. 대부분 마가목
나무들이다. 빨간 열매들이 주렁주렁 매달려 있다. 한국에서는 기관지 등
에 좋아 약재로 쓰이며 맛과 향기가 좋아 술로 담근다는 귀한 열매라지만
이곳 1,000m 이상에서는 흔하게 대하는 나무다. 이윽고 아를레브 다리다.
다리 옆 나무그늘에서 배낭을 벗어놓고 쉰다. 다리 아래로 흐르는, 몽 뷔

앙테른 고개 산장 위 갈림길.
호수와 살렝통 고갯길이 갈린다.

가을이면 알파인 지대에서 흔하게 맛볼 수 있는 밀티유(블루베리).

살렝통 고개에서 내려오는 부부 트레커.

에(Mont Buet, 3,096m)에서 발원한 시원한 물로 땀을 식힌다. 이제부터 앙테른 산장까지 줄곧 오르막이다. 한껏 떠오른 태양을 등지고 한동안 숲 사이로 난 길을 오른다. 차츰 나무들의 키가 작아지더니 알파인 목장 아래에 다다르자 나무라곤 없다. 소나 양들을 방목하기 좋은 초지만 펼쳐져 있다. 경사도가 없는 풀밭 길을 오른다. 앙테른 산장 못 미쳐 포르메나 호수(Lac Pormenaz)를 둘러본다. 호수면에 비친 피즈 장벽은 여전히 거대해 보이지만 물속에 자란 수풀 때문에 예전만 못하다.

 앙테른 고개 산장으로 이어진 큰 길을 따라 걷는다. 오른편 저 멀리 에귀 루즈 산군 너머로 펼쳐진 몽블랑 산군의 파노라마가 한눈에 들어온다. 에귀 베르트에서부터 샤모니의 M 침봉들을 지나 몽블랑까지 펼쳐져 있다. 멀리서 보니 몽블랑이 에귀 뒤 미디나 돔 데 구테에 비해 확실히 높아 보인다. 샤모니 계곡에선 보다 가까이 있는 돔 데 구테나 에귀 뒤 미디가 높아 보여 일반인들은 곧잘 돔 데 구테를 몽블랑으로 여기곤 한다. 다산 정약용이 어릴 때 지었다는 시가 생각난다. '작은 산이 큰 산을 가리고 있네. 멀고 가까움이 다르기 때문이네.' 다르게 생각해 보면, 우리네 사회에서도 작은 산이 큰 산을 가리고 있진 않을까. 멀고 가까움의 진실을 어디 우리네 보통 사람들이 쉽게 가늠하겠나 싶다.

 얼마 걷지 않아 앙테른 고개 산장이다. 알파인 지대에 소박하게 지어진 산장 밖, 햇살 잘 드는 남쪽 마당에 서너 명이 해바라기를 하며 담소를 나누고 있다. 마당가 쇠말뚝에 묶인 빨랫줄에는 침대시트가 가을볕에 바짝 마르고 있다. 마음 맞는 동료라도 있으면 이런 목가적인 산장에서 며칠 쉬

알파인 목장 너머 오른편이 살렝통 고개다. 붉은 지붕 건물은 트레커들이 이용할 수 있게 나무침상이 구비되어 있다.

고 싶다. 동쪽 저 멀리 펼쳐진 몽블랑 산군의 침봉을 오르는 것만이 아닌 이렇게 산에 들어와 그저 바라만 보는 것으로도 족함을. 산을 대하는 방식 또한 다양해야 되겠음을 다시 느낀다. 그럼에도 왕성한 혈기를 내세워 산장에서 커피 한 잔 마실 여유도 없이 곧장 지나친다. 산장 위 갈림길이 나타난다. 왼편은 앙테른 고개로 이어져 있으며 오른편이 살렝통 고개로 이어진 길이다.

오른쪽인 동쪽으로 길을 잡는다. 얼마 가지 않아 길 한편의 풀밭에 한 무리의 양떼들이 열심히 풀을 뜯고 있다. 평화롭게 풀을 뜯는 그들의 모습을 카메라에 잡으려 하지만 겁이 많은 녀석들은 좀체 내가 가까이 다가가는 것을 허락치 않는다. 단념하고 길 옆 돌 위에 배낭을 내려놓고 점심을 먹는다. 출출하기도 했지만 열심히 풀을 뜯는 양들의 식욕에 동했기 때문이리라. 곧 엉덩이를 털고 일어난다. 길은 완만하게 계곡 위로 이어져 있어 걷기 편하다.

계곡에 가까이 다가가자 동쪽으로 이어지던 길이 북쪽으로 방향을 튼다. 잠시 내리막이던 길이 평지로 바뀐 다음, 완만한 경사도의 오르막이 이어진다. 길가에는 가을이 한창이다. 밀티유 때문이다. 작고 까만 열매가 키 낮은 가지가지마다 이슬처럼 맺혀 있다. 블루베리의 일종인 밀티유는 새콤달콤한 맛이 나 잼으로도 만들고 술을 빚기도 한다. 도저히 그냥 지나치기 아쉬워 보다 크고 탐스럽게 보이는 것들이 눈에 들어오는 족족 발걸음을 멈추고 손을 뻗는다. 이러다보니 얼마 가지 않아 손바닥에 검붉은 물이 들고 만다. 밀티유가 특히 많이 나는 곳임을 증명이라도 하듯 한 농부가 길가에서 열심히 밀티유를 채취하고 있다. 오십대 중반으로 보이는 그는 쇠갈퀴로 훑어 커다란 프라스틱 통에 밀티유를 가득 모으고 있다. 활짝 웃는 그의 표정은 소박하기 그지없다.
　얼마 가지 않아 알파인 목장이다. 열 마리 정도의 소가 한가롭게 어슬렁거리고 있지만 목장지기는 보이지 않는다. 조용하다. 산장처럼 깨끗하게 정돈된 오두막 앞에 앉아 신발을 벗어 우물가에서 발을 씻은 후 쉰다. 발바닥이 태양빛에 바짝 말라 기분이 좋다. 마침 살짝 열려 있는 오두막의 나무문을 밀고 들어가 보니 나무 바닥으로 된 실내는 깨끗하게 정돈되어 있다. 누구든 필요하면 자고 가도 된다는 안내문까지 있다. 밖으로 나와 한동안 해바라기를 하며 쉰다. 다시 배낭을 짊어진다.
　이제부터 살렝통 고개까지는 오르막길뿐이다. 드넓은 알파인 지대에 아무도 없이 혼자 걷는 적막감이 좋다. 계속되는 오르막을 오른다. 철이 지난 몇몇 야생화들이 여기저기에 피어있다. 고갯마루가 멀지 않은 풀밭을 끼고 도니 산양인 샤모아 대여섯 마리가 풀을 뜯고 있다. 그들을 좀 더 가까이서 지켜보기 위해 열심히 살렝통 고개에 오른다. 고개에 오른 기쁨을 즐길 겨를도 없이 배낭을 내려놓고 산양들이 있는 쪽으로 다가간다. 평화롭게 풀을 뜯는 그들 너머로 디오자 계곡으로 내려가는 트레커들을 지켜본다. 그들 중에는 어린 남매를 데리고 있는 아빠의 다정스런 모습도 보인다. 아름다운 풍경이다.
　이제부터 줄곧 하산길이다. 베라르 계곡으로 내려간다. 한동안 급사면의 잔돌 사면을 내려가니 큰 돌들이 아무렇게나 쌓인 지대다. 조심해서 발을 디디며 하산을 서두른다. 얼마 내려가지 않아 피켈까지 지참한 서너 명의

살렝통 고개 아래 풀밭의 얼룩소들. 계곡 아래로 이제껏 온 길이 보인다.

고갯마루에서 만난 샤모아의 우아한 모습.

살렝통 고개에서 베라르 계곡으로 내려가는 산악인들.

산악인이 내려가고 있다. 그들은 몽 뷔에(3,096m)에 다녀오는 모양이다. 30분 정도 돌길을 내려가니 저만치 아래에 위치한 베라르 산장(Berard Refuge, 1,924m)이 보인다. 다리가 후들거릴 정도로 돌길을 걸어 내려 마침내 산장에 이른다. 산장 앞 나무벤치에는 다음날의 산행을 위해 올라와 있는 산악인들이 제각기 휴식을 즐기고 있다. 해가 제법 기울어 샤모니로 돌아갈 시간이 촉박한 탓에 서둘러 베라르 계곡을 내려온다.

베라르 샨장에 올라와 있는 산악인들이 저녁을 맞이하고 있다.

베라르 산장 아래 풀밭에서 밀티유 (블루베리)를 따는 가족의 단란한 모습. 그들 뒤로 베라르 계곡이 펼쳐져 있다. 르 뷔에 마을까지 한 시간 반 걸린다.

큰 바위 아래 위치한 베라르 산장. 겨울이면 반년 이상 눈에 덮여 있다.

산행 길잡이

 이 트레킹 코스는 르 뷔에 마을에서 산행을 시작해도 좋다. 베라르 계곡을 거슬러 올라 살렝통 고개에 오른 다음 디오자 계곡으로 내려갈 수 있다. 앙테른 고개 산장(전화번호:04 50 93 60 43)에서 자고 다음날 브레방으로 오르거나 세르보 마을로 하산하면 된다. 베라르 산장(전화번호:04 50 54 62 08) 또한 하룻밤 묵을 만한 산장이다.
 두 산행기점까지의 교통은 몽블랑 익스프레스 산악열차를 이용하면 된다. 브레방에서 샤모니행 마지막 케이블카는 오후 4시 45분이다. 산장에서 묵지 않고 캠핑할 계획이면 살렝통 고갯마루도 추천할만한 곳이다. 다만 고갯마루에는 식수 구하기가 어렵다. 계곡에서 준비해 가거나 눈을 녹여야 한다. 고갯마루 한쪽에 캠핑할만한 자리가 마련되어 있다.
 겨울철이면 현지 산악스키어들은 브레방이나 플레제르에서 출발해 에귀루즈를 넘어 베라르 계곡으로 내려가는 하루 스키산행을 즐긴다. 한편 르 뷔에 마을에서 샤모니까지의 교통편은 한 시간에 한 대 꼴로 있는 몽블랑 익스프레스 열차를 이용한다.

산행 시간

브레방(2525m)-아를레브 다리(1597m) : 2시간
아를레브 다리-앙테른 산장(2002m) : 40분
앙테른 산장-살렝통 고개(2526m) : 3시간
살렝통 고개-베라르 산장(1924m) : 1시간 15분
베라르 산장-르 뷔에 마을(1337m) : 1시간 30분

에귀 루즈를 넘어 베라르 계곡으로
타고 내리는 산악스키어의 모습.

베라르 계곡을 앞에 두고 자연설사면
을 타고 내린다. 여름철에 한 시간 반
걸리는 거리를 20분이면 내려간다.

11 - 물의 계곡

 몽블랑 산군의 북측 끄트머리는 동서로 길게 프랑스와 스위스의 국경선이 가로놓여 있다. 이 국경선을 따라 서쪽으로 몽테 고개를 넘는 계곡 아래에는 자그마한 산간마을 르 뷔에(le Buet 1,303m)와 발로신(Vallorcine 1,260m)이 있다. 그 계곡 건너편에 일반 트레커들에게는 잘 알려지지 않은 계곡이 하나 있는데, 드렐레조 계곡(Val de Tre les Eaux)으로서 일명 '물의 계곡'이다.
 계곡을 거슬러 올라 국경 고개인 코르보 고개(Col des Corbeaux, 2,602m)를 넘어 스위스로 넘어갔다 다시 돌아오는 원점 회귀형 산행코스로서 현지 트레커들에겐 제법 인기가 있다. 르 뷔에 마을에서 시작해 물의 계곡을 올라 테라스 고개(Col de la Terrasse 2,648m)를 넘어 내려오는 하루 산행을 해도 되며 테라스 고개로 내려오지 않고 에모송 댐으로 내려가 산록을 끼고 로리아 산장(Refuge de la Loriaz 2,020m)으로 가 하룻밤 자고 내려와도 좋다.

산행시간
르 뷔에(1,337m)-베라르 계곡 나무다리(1,528m) : 40분
베라르 계곡 나무다리-물의 계곡 호수(2,255m) : 2시간 30분
물의 계곡 호수-국경고개 코르보 고개(2,602m) : 1시간
코르보 고개-테라스 고개(2,648m) : 20분
테라스 고개-로리아 산장(2,020m) : 1시간 30분
코르보 고개-에모송 댐 갈림길(1,950m) : 2시간
에모송 댐-로리아 산장 : 1시간 30분
로리아 산장-르 뷔에 : 1시간 40분

물의 계곡 상단에 핀 솜털 꽃송이들 뒤로 저 멀리 아르장티에르 빙하와 주변 봉우리들이 보인다.

산행 기점인 르 뷔에
마을의 돌집들.

산행기

  가을이 한창이던 날, 여름 시즌의 분주한 산행 후 오랜만에 혼자만의 호젓한 산행을 위해 배낭을 꾸린다. 프랑스와 스위스의 국경마을 발로신으로 향하는 몽블랑 익스프레스 산간열차는 곧장 샤모니를 벗어나 계곡 위로 향한다. 얼마가지 않아 레 프라(les Praz) 마을을 지난다. 잠시 후 몽테 고개의 터널을 지난 열차는 르 뷔에 마을에 도착한다. 아담한 산골마을의 분위기가 느껴지는 이곳에서부터 산행이 시작된다. 샤모니 쪽과는 다르게 돌로 지은 샤렛들이 눈에 띈다. 좁은 골목길을 지나 전나무 숲에 들어선다. 이마에 땀이 맺힐 즈음, 전나무 숲에서 벗어나 베라르(Berard) 계곡 초입에 이른다. 수십 미터 높이의 폭포로 떨어지는 세찬 물줄기가 시원하다. 계속해서 계곡을 따라 오른다. 마치 설악산의 어느 계곡처럼 맑은 물이 흐르는 베라르 계곡은 언제 찾아도 조용해서 좋다. 숲길 좌우로 한창 영글기 시작한 밀티유라는 작고 까만 알파인 열매가 발길을 멈추게 한다. 블루베리의 일종인 밀티유의 새콤달콤한 맛에 침이 솟지만 갈 길이 멀다. 30분 만에 계곡을 건너는 나무다리에 닿는다. 배낭을 내려놓고 수통을 꺼낸다. 바로 옆 숲에서 흘러내리는 맑은 물을 담기 위해서다. 땅속에서 솟아나는 샘물이기에 더없이 시원하고 맑다.
  계곡을 건너 한동안 아래로 이어지던 오솔길은 방향을 급회전하여 숲길로 이어진다. 곧이어 나타난 숲속에는 오두막 몇 채가 도란도란 위치해 있다. 별장으로 사용되고 있는 오두막들은 시즌이 끝나 모두 문이 잠겨 있다. 언제 기회가 되면 이런 외딴 곳에서 지내고 싶은 마음 간절하다. 이제부터 본격적인 오르막이 시작된다. 차츰 낮아지는 나무 사이로 난 좁은 길을

스위스의 에모송에서 출발해 국경고개를 넘어 르 뷔에 마을로 내려가는 트레커들.

샤모니서 멀지 않은 살랑쉬에서 온 부부 트레커들이 계곡 중단을 오르고 있다.

계곡 상단에 접어든 필립 일행 뒤로 몽 뷔에 북면이 보인다.

과거에는 이곳 또한 빙하가
흘러 바위면이 매끄럽다.

계곡 상단에 이르는 여성 트레커들
뒤로 저 멀리 투르 빙하가 보인다.

거슬러 오른다. 어느새 태양이 제법 솟아올랐다. 고도가 높지 않은 한낮이라 덥다. 30분 즈음 오르자 급경사의 바위사면이 나타난다. 급경사의 바위면 오른편에 쇠사슬이 설치되어 있다. 조심해서 쇠사슬을 움켜잡고 오른다. 몇 년 전에 이곳을 오를 때 오른쪽 팔꿈치를 찧은 적이 있어 조심해서 오른다. 약 100m 높이의 바위구간을 올라 한숨을 내쉰다.

이어 야생화 언덕을 오른다. 잠시 쉬면서 물 한 모금을 들이킨다. 주변의 야생화 밭에는 이미 꽃들이 다 져 스산한 분위기마저 든다. 다시 걷는다. 깊어지는 계곡의 오른쪽 사면을 오르내린다. 트레커 둘이 내려오며 반긴다. 그들은 이른 아침에 스위스의 에모송(Emosson) 댐을 출발해 국경인 코르보 고개를 넘어 내려온다고 한다. 좀 더 오르니 길이 평탄해지고 좌우로 풀밭이 펼쳐져 있다. 저만치 앞서 걷는 트레커들이 보인다. 그들을 따라잡으며 반갑게 인사를 나눈다. 샤모니에서 차로 한 시간 거리에 위치한 살랑쉬에서 온 중년의 트레커들이다. 차츰 고도를 높이고 계곡 깊숙이 들어서자 9월인데도 몽 뷔에 북면에 잔설이 보인다.

또다시 급사면이 이어져 한동안 땀을 흘리며 오른다. 이제 '물의 계곡' 상단부다. 큰 바위 언덕의 바위표면이 빙하에 씻겨 매끈매끈하다. 전망 좋은 작은 언덕 하나를 골라 바위 위에 앉는다. 5시간 걸렸다. 이제껏 함께 오른 필립 일행이 코르보 고개로 오르는 모습을 보며 점심을 먹는다. 곧 정적이 감돈다. 오랜만에 맛보는 호젓함이 좋다. 배낭은 그 자리에 둔 채 카메라만 들고 주변을 둘러

국경인 코르보 고개를 오르면서 만난 남녀 트레커들. 올라온 길이 내려다 보인다.

프랑스와 스위스 국경인 코르보 고개 정상. 트레커들이 물의 계곡으로 내려가고 있다. 몽블랑의 젊은 처녀라는 몽 뷔에가 건너다보인다.

테라스 고개에 걸린 룽다 깃발 아래로 몽블랑 산군의 북동 구역이 보인다.

본다. 저 멀리 아르장티에르와 투르 빙하, 그리고 주변 침봉들이 보인다. 야생화가 만발하는 7월초에 비하면 풍경이 눈에 차지 않지만 그냥 지나치지 못해 카메라 샷터를 누른다. 디지털 카메라를 주로 사용하고부터 생긴 무의미한 촬영 습관이다. 마음에 들지 않지만 그냥 지나치면 왠지 불안해져 일단 카메라에 담는다. 종래 폐기될 사진파일로 인해 귀중한 시간과 노력을 소모하는 나쁜 버릇을 언제 버려야 할지 모르겠다. 절제의 미학을 깨치지 못한 자신을 나무라며 배낭을 벗어둔 지점으로 돌아온다.

이어 코르보 고개로 오른다. 한동안 돌길이 이어져 있다. 마침 고개를 내려오는 부부 트레커가 있다. 환갑이 넘은 두 사람은 천천히 내려오고 있다. 그들의 여유 있는 모습이 보기 좋다. 계곡을 내려가는 그들을 뒤돌아본다. 눈이 덮여 있는 몽 뷔에 북면을 배경으로 내려가는 그들이 멀어져간다. 다시 걷는다. 한동안 모레인 돌밭 길을 오른다. 2,000m 고지 위라 제법 쌀쌀하다. 쟈켓을 입고 바위지대에 형성된 작은 호수를 둘러본다. 호수 주변이 온통 돌밭이라 운치가 없다. 다만 바람에 실려 온 야생국화 한 포기만 풍경의 삭막함을 덜어준다.

발길을 돌려 고갯마루로 올라 너덜바위 사면으로 이어진 길을 따른다. 얼마 오르지 않아 고갯마루에 올라선다. 바람이 강하게 불고 있다. 이제부터 스위스 땅이다. 고개 아래에 공룡 발자국이 있다고 표시되어 있지만 한국의 것에 비하면 너무 보잘 것 없기에 그냥 테라스 고개로 발길을 돌린다. 북쪽으로 계속 내려가면 에모송 댐이며 테라스 고개는 오른편이다. 몇 년 전에는 에모송 댐으로 내려가 산허리를 끼고 돌아 로리아 산장으로 가 잔적이 있다. 이번에는 테라스 고개를 넘기로 한다. 너덜 바위지대로 난 돌길을 걸어가니 또 다른 호수가 나타난다. 호수 끄트머리의 바위 아래 아

코르보 고개 정상 지역의 황량한 모습.
바위지대에 크고 작은 호수들이 많으며,
훨씬 아래에 에모송 댐이 있다.

늦한 지점에 몇몇 트레커들이 모여 음식을 먹으며 쉬고 있다. 팔을 흔들며 반기는 그들에게 답례하고 호수를 반 바퀴 돌아본다. 짙은 구름 사이에 뻥 뚫린 하늘이 호수에 담겨 있다. 호수를 둘러보고 있는 또 다른 트레커의 그림자도 호수에 담긴다. 잡석이 쌓여 있는 삭막하고 황량한 주변 풍경에 대비되는 평화롭고 안정된 모습이다.

 돌길을 걸어 오르니 테라스 고개 정상이다. 이정표에 매달린 룽다 깃발이 바람에 펄럭이고 있다. 깃발 아래로 한동안 보이지 않던 몽블랑 산군의 북동쪽 풍광이 한눈에 들어온다. 투르 빙하와 아르장티에 빙하가 지척이다. 빙하 주변의 침봉들이 한층 가깝게 보인다. 대부분 올라본 봉우리들이지만 올라야 할 등반선은 아직도 무한정 많아 보인다. 좌측 저 멀리 아이거가 있는 베르너 오버란트 산군도 보인다. 비록 흐릿하지만 이곳서 보니 또 다른 느낌이다. 일 년에 한두 번 가는 베르너 산군에는 오르지 못한 봉우리가 더 많다. 이곳 알프스만 하더라도 평생을 올라도 다 못 오를 지역이라 이제껏 알프스가 좁다고 불평한 자신이 부끄러워진다. 이런저런 생각을 하며 고갯마루에 앉아 쉰다.

 이제 긴긴 하산길이 남아 있다. 로리아 산장으로 가기 위해선 테라스 고개에서 곧바로 동쪽 급사면으로 내려가야 한다. 약 삼사십 미터의 첫 구간은 마치 등반을 하듯 가파른 바위사면을 조심해서 내려간다. 간혹 위에서 굴러 내리는 주먹만한 돌이 신경을 곤두세운다. 수백 미터 아래 완사면의 자갈사면을 길게 횡단하니 안도감이 밀려온다. 이어 보다 안전한 지점에 이르러 모두 잠시 쉰다. 이제부터 하산길은 수월하다. 차츰 고도를 내리자 풀밭이 이어졌고 좀 더 하산하자 키 작은 나무 군락이 나타났다. 모두 알펜로제였다. 붉은 꽃들이 피어나는 7월초에 다시 찾고 싶을 정도로

소박한 로리아 산장의 한낮 모습.

로리아 산장 창가의 소박한 화분.

숲을 이루고 있다.
 곧이어 함석지붕으로 된 막사가 줄지어 있는 로리아 산장에 이른다. 대부분 소를 키우는 우리로 쓰이며 트레커를 위한 산장은 위쪽에 위치해 있다. 산장 앞 나무벤치에는 몇몇 트레커들이 삼삼오오 무리를 지어 쉬고 있다. 마당 한 모퉁이에선 장닭 두 마리가 날개를 퍼득이며 울음을 토해낸다. 오랜만에 듣는 닭 울음소리다. 산장 앞에 위치한, 쉴 새 없이 흘러내리는 우물가에는 젖소 몇 마리가 어슬렁거린다. 목가적인 풍경이 물씬 풍겨지는 산장이다. 계곡 건너편, 알피니스트들이 찾는 몽블랑 산군의 산장과는 사뭇 다른 분위기다. 샘물을 떠 수통에 채우고 하산을 서두른다. 르 뷔에 마을로 내려가 샤모니행 기차를 타야 했다. 얼마 후 전나무 숲길에 접어들어 한낮의 태양열을 피해 싱그러운 숲내음을 마시며 하산한다. 한 시간 후 한적한 산간마을 르 뷔에에 이르러 호젓한 하루 산행을 마친다.

산행 길잡이
 물의 계곡을 거슬러 올라 국경고개인 코베욱 고개를 넘어 테라스 고개를 경유해 곧장 출발지점인 르 뷔에 마을로 내려오는 당일 산행도 가능하다. 하지만 에모송 댐으로 하산해 로리아 산장으로 몽블랑 산군을 바라보며 알파인 산록을 가로지른 후 산장에서 1박후 내려오는 것도 좋다.
 물의 계곡 상부 호수주변은 각종 야생화와 빙하에 깎인 바위, 늪지 등이 잘 어울려 사진촬영에 좋은 장소이기에 이곳에서 하룻밤 야영하는 것도 좋다. 해가 일찍 지고 늦게 뜨니 여름철에도 보온의류를 충분히 준비하는 게 바람직하다.

산장 옆에 있는 목장의 젖소 너머로 몽블랑 산군이 깨어나고 있다.

로리아 산장의 막사와 마당을 오가는 장닭.

하늘에 걸려 있는 에모송 댐

몽블랑 산군은 세 나라, 즉 프랑스 이탈리아 스위스를 접하고 있다. 몽블랑 북사면 아래에 위치한 샤모니에서 지내다 보면 간혹 자동차로 주변 나라에 갈 기회가 많다. 이탈리아는 11.6km의 몽블랑 터널을 지나면 바로 나타나며 스위스는 콜 데 몽테를 지나면 된다. 프랑스의 마지막 마을 발로신을 지나 계곡을 따라 스위스로 내려가다 보면 왼편 계곡 위에 마치 하늘에 걸려 있는 듯한 거대한 시멘트 벽면이 펼쳐져 있다. 이것이 바로 에모송 댐이다.

프랑스와 스위스 국경에서 5분도 채 되지 않는 곳에 에모송(Emosson)으로 오르는 매표소가 있다. 저 높은 곳 에모송의 물을 낙차로 이용하여 전기를 생산하는 발전소 뒤 모퉁이에 휘니퀼레르(Funiculaire)라는, 산악열차도 아니고 그렇다고 하여 케이블카도 아닌 케이블 기차를 타고 오른다. 기차선로의 길이 1,306m(약 700m 고도)를 12분 만에 오른다. 너무 가팔라 아찔할 지경이다. 샤모니의 초현대식 케이블카 시설과 비교하여 너무 낡아 혹 이 케이블 기차를 끌어당기는 직경 34mm의 케이블이 끊어지는 게 아닐까 하는 걱정까지 하게 된다. 최고 경사도가 87도까지 된다고 안내서에 적혀 있다.

중간 기착지(Chateau d'Eau, 1,821m)에 이르면 주변 산군이 한눈에 들어온다. 관광객이 많지 않아도 차장은 친절하게 역 주변을 설명하고 다음 행선지로 안내한다. 이후 소형 열차를 타고 산비탈을 굽어 돌아간다. 철로는 작은 석굴들도 지나간다. 기차는 저 멀리 몽블랑 산군을 보여주면서 약 10분간 1,650m의 거리를 달려간다. 곧 또 다른 케이블 기차(MiniFunic)역에 이른다. 이제는 조금 전의 것(약 50인용)보다 작은 소형 케이블 기차(

상단 에모송 댐을 바라보며
쉼식을 즐기는 가족들

약 10인용)다. 이후 2,000m 대의 협곡을 가로막은 웅장한 댐(길이 554m, 높이 180m)의 위용이 펼쳐지면서 그 너머로 에메랄드 빛 호수가 한눈에 들어온다. 곧이어 레스토랑이 있는 전망대에 이르고 많은 사람들이 오후의 가을햇살과 알프스의 전망을 즐기는 모습들이 군데군데 눈에 띈다. 이 높은 고도에 이렇게 웅장한 댐을 만든 스위스인들의 노력에 다시 한 번 감탄하게 된다. 1921년에서 1926년에 지은 옛 댐과 1967년에서 1975년 사이에 건설된 현재의 댐은 2억2천7백만 평방미터의 물을 담고 있다. 이 댐을 이용하여 전기를 발전하는 것 외에도 관광지로 개발한 스위스 국민들의 실용성을 느낄 수 있다.

　내가 이 댐을 처음 본 것은 1990년 여름이었다. 스위스 쥐리히에서 샤모니로 오는 산악열차에서 차창 너머로 불현듯 하늘에 걸린 하얀 콘크리트 병풍이 눈에 들어왔다. 양쪽 산봉우리 사이에 걸쳐져 있는 하얀 장막이 무엇일까 궁금해 하다가 이후 관광안내 책자를 통해 그것이 바로 2,000m 대의 협곡에 건설된 댐이라는 것을 알았다. 그 후 1998 여름에 몽블랑 산군을 한 10일간 일주 트레킹을 하고 샤모니에 도착하기 하루 전 즈음 반대편 산자락인 발므 언덕에서 이 댐을 지켜보게 되었다. 댐 전망대에서 한 시간이면 닿을 수 있는 곳에는 유럽에서 발견된 가장 큰 공룡 발자국도 있다. 이곳에 가려면 눈이 녹아야 하기에 늦은 봄(6월)부터 가능하다.

*샤모니에서 이곳에 가려면 국경을 넘어야 하기에 여권을 지참해야 한다.
*자동차로 댐 전망대에 오를 수도 있지만 아찔한 케이블 기차를 한번쯤 이용해 보는 것도 좋다.
*겨울철에는 산악스키를 이용, 산간도로를 따라 오르기도 한다.

트레킹 중 하단 에모송 댐 주위에서 쉬는 이들

겨울철
로리아 산장 가는 길

산행 시작 한 시간후면 숲에서 벗어난다. 눈밭을 오르면 오른편 위에 산장이 있다.

루 뷔에 마을에서 로리아 산장 오후 오르는 설피 트레커들. 숲 길을 두 시간 오르면 산장이다.

산장으로 오르는 설피 트레커 뒤로 펼쳐진 몽블랑 산군. 몽테 고개가 아래에 보인다.

산장 앞에는 드넓은 설원이 펼쳐져 있다.
샤모니 쪽과는 다른 풍경을 보여준다.
몽블랑 산군을 앞에 두고 걷는
즐거움이 크다.

겨울철의 로리아 산장. 눈덮인 지붕 너머로 몽블랑 산군이 보인다. 겨울에는 산악스키나 설피로 이곳을 많이 찾는다.

르 뷔에 마을에서 로리아 산장 오르는 길. 2,000미터 알파인 지대에 소들이 한가하게 풀을 뜯고 있으며 한 트레커가 산장으로 오르고 있다.

물의 계곡 상단 바위언덕. 빙하에 씻긴 바위표면이 매끄럽다. 이곳서 하룻밤 묵어도 좋다.

12-몽블랑 남측 발 페레 계곡

몽블랑 남측에 펼쳐진 알프스의 고산화원

 오랜 옛날부터 큰 고개와 하천, 산봉우리들은 인간 삶의 영역들을 확실하게 구분 지었다. 몽블랑 산군도 알프스의 최고봉 몽블랑에서 시작한 3,000m 이상의 능선이 동서로 길게 경계선을 그어놓았다. 그 경계선의 남쪽은 이탈리아 땅이며, 북쪽은 프랑스 땅이다. 불과 반세기 전만 해도 몽블랑 산군을 통해 국경을 넘으려면 3,000m 이상의 제앙 고개(Col du Geant, 3,365m)를 넘어야 했다. 하지만 오늘날은 터널 및 케이블카를 이용해 자유롭게 왕래하고 있다.

 특히 몽블랑 아래를 관통하는 11.6km 길이의 몽블랑 터널이 1965년에 개통되어 몽블랑을 사이에 둔 산골사람들의 왕래가 편해졌다. 이 터널로 인해 프랑스와 이탈리아 사이의 자동차 교통이 약 200km 단축되었으며, 샤모니 계곡과 아오스타 계곡이 연결되어 차량으로 30분이면 반대편 산기슭에 닿을 수 있게 되었다. 종종 나는 이 터널을 지나 보다 따뜻한 남쪽 나라 이태리 쪽에서 몽블랑 산군을 바라보며 트레킹을 한다. 몽블랑 산군의 남측을 바라보며 걸으면 북쪽의 트레킹 코스와는 다른 즐거움이 있다. 큰 산군을 사이에 두었기에 공기부터 다르고 사람들도 다르다. 카메라에 담기는 풍경 또한 이색적이다. 그래서 나는 1년에 한두 번 몽블랑 남측 트레킹을 한다.

쿠르마이예의 구시가지 골목.
옛 건물을 대대로 개보수하여 사용하고 있다.

베르토네 산장.
쿠르마이예에서 두 시간 걸린다.

산행시간
쿠르마이예(1,226m)-베르토네 산장(1,970m) : 2시간 15분
베르토네 산장-사팡 고개(2,436m) : 2시간 10분
사팡 고개-앙트르 되 소 고개(2,521m) : 1시간
앙트르 되 소 고개-보나티 산장(2,025m) : 1시간 40분
보나티 산장-발 페레 계곡 차도(1,642m) : 1시간

산행기
 6월 중순에 접어든 알프스의 2,000m 대 트레킹 코스에는 군데군데 잔설이 덮여 있다. 설사면 사이의 양지바른 풀밭에는 크로커스 등 봄꽃들이 한창 피어 있다. 그래도 각종 야생화들이 만발하려면 2~3주는 더 있어야 한다. 이처럼 알프스의 봄은 더디기만 하다. 샤모니에서 몽블랑 터널을 지나 40분 걸려 이태리의 쿠르마이예(Courmayeur)에 닿는다. 몽블랑 터널 하나만 지났는데 공기부터 다르게 느껴진다. 그만큼 몽블랑 산군이 크기 때문이리라.
 산행기점인 쿠르마이예 시내를 한 바퀴 돌아본다. 몇 백 년 이상 살아온 옛 가옥들이 줄지어선 골목길에 접어든다. 대대로 살아오며 개보수를 한 알프스 산골마을의 정취가 느껴지는 골목이다. 붉은 벽돌이 깔린 골목을 한참 들어가니 오래도록 수많은 이들의 안녕을 기원했을 낡은 교회가 우뚝 솟아 있다. 수백 년은 됐음직한 교회의 종탑 뒤로 옛사람들이 샤모니로 가기 위해 산을 넘은 국경고개 제앙 고개가 보인다. 교회 옆으로 난 골목을 빠져 나와 강을 건너 신시가지에 들어선다. 구시가지에 비해 활기에 야생화밭에서 캠핑을 했다.

차 있는 골목을 돌아 산악문화회관 및 가이드 사무실 앞에 온다. 에밀 레이(Emile Rey) 등 이 지역을 대표하는 산악인의 동상들 앞을 지나 본격적인 산행에 접어든다.

주택가를 따라 오른다. 이곳은 샤모니 쪽과는 달리 돌집이 많다. 특히 지붕은 온통 넓은 돌로 얹었다. 마침 두 노인네가 지붕 위의 굴뚝 옆에서 한담을 나누고 있다. 작업화 대신 가죽 등산화를 신은 차림이 정답다. 그들 뒤의 배경이 빙하이기에 산골마을의 정취와 더 잘 어울린다.

여름철 고산목장에 눈보라가 칠 때면 소들이 이곳에서 추위를 피한다.

아네모네(Anemone)

크로커스(Crocus)

2,000미터 이상 알파인 지대(삭스 언덕)에 핀 봄의 전령 아네모네(Anemone)

삭스 언덕에서 그랑드 조라스 남면을 배경으로 걷는다.

마을을 벗어나고부터 숲속의 오솔길이다. 키 큰 침엽수림 사이로 난 길을 계속해서 오른다. 두 시간 즈음 올라 숲길을 벗어난다. 베르토네 산장(Refuge Bertone, 1,970m) 아래다. 이제부터 전망이 트인다. 몽블랑 남동쪽 사면의 웅장함이 한눈에 건너다보인다. 샤모니 쪽에서 보는 북면과는 달리 수직의 직벽들이 펼쳐져 있다. 곧 도착한 산장은 보수공사 중이라 문이 닫혀 있다. 비가 내려 처마에서 쉰 후, 다시 걷는다. 산장 뒤의 작은 호수를 둘러보고 언덕을 오른다. 발 페레(Val Ferret) 계곡으로 곧장 내려가는 길과 알파인 초원인 라 삭스(La Saxe)로 오르는 갈림길에 이정표가 있다. 둥근 구리 원판에는 알프스의 주요 봉우리들과 유럽 대도시까지의 거리와 방향을 표시해두었다.

갈림길에서 알파인 초원으로 오른다. 간간이 비가 뿌리지만 덥지 않아 좋다. 양지바른 사면에는 봄꽃들이 한창이다. 이윽고 도착한 언덕 위에는 하얀 야생화가 흩뿌려져 있다. 꽃밭을 지나 멀지 않은 곳부터 눈밭이다. 마침 비가 내려 이곳서 하룻밤 묵기로 한다. 텐트를 칠 마땅한 장소가 없어 작은 꽃밭에 자리를 잡는다. 꽃들에겐 미안하지만 어쩔 수 없다. 해가 지려면 이른 시간이지만 주변에 이보다 나은 곳은 없다.

텐트 바깥에는 구름이 짙게 깔려 있다. 몽블랑뿐 아니라 건너편의 그랑드

2,581 미터의 트론체 언덕에서 사팡 고개로 내려가며 만난 두 이태리 트레커들. 다음날 또 만났다.

잔설이 많이 남은 말라트라 계곡 상단. 몇 주후면 이곳 또한 야생화밭이 된다.

조라스 쪽도 온통 구름에 덮여 있다. 그래도 카메라를 들고 나와 주변 풍경을 몇 컷 담는다. 눈밭이 시작되는 동쪽 언덕까지 갔다 온다. 그랑드 조라스의 거대한 남면이 바로 건너다보인다. 1938년에 그랑드 조라스 북벽의 워커능을 초등한 캐신이 자신의 조국 이태리 땅으로 내려온 하산 길이다. 악천후에도 불구하고 세 번이나 비박하며 이룬 알프스 최고의 등반성과였다. 텐트로 돌아와 저녁을 먹는다. 차 한 잔을 마시며 밖을 내다보니 이미 주변은 어두워져 있다.

 새소리에 눈을 뜬다. 아침이다. 하늘엔 온통 구름이지만 카메라를 들고 살며시 텐트를 빠져나온다. 구름 사이로 빠져나온 아침햇살의 줄기가 그랑드 조라스 남면에 살짝 비추더니 이내 사라져 버린다. 기대한 아침 풍경이 아니지만 한적한 알파인 초원을 두 가슴으로 느끼는 자체가 좋다. 상쾌한 아침공기를 들이키며 텐트로 돌아온다. 침낭 속으로 들어가 몸을 녹이며 커피를 한잔 마신다.

 한여름이면 이곳 알파인 초원 곳곳에 소들이 노닐고 있을 텐데 아직 풀이 없어 조용하다. 간단히 아침을 챙겨먹고 길을 떠난다. 스산한 아침바람을 받으며 동쪽으로 난 길을 걷는다. 설사면 사이사이의 풀밭에선 야생화들이 피어 있다. 갑자기 그 사이에서 마모트 한 마리가 고개를 내민다. 녀석도 하루를 시작하나 보다. 구릉지대를 얼마 가지 않아 나무 울타리에 닿는다. 실은 울타리가 아니라 여름철에 소들이 악천후에 대피하는 장소다. 차츰 고도를 높이자 눈밭이 많아진다. 두 마리의 산양이 사람이 나타나자 줄행랑을 친다. 좀 더 가자 아직 날지 못하는 꿩 새끼 두 마리가 아장아장 설사면에 도장을 찍으며 달려간다. 새소리까지 들려 이 모든 광경이 봄의

한달 후인 7월 말경에 갔을 때.
알파인 초원에 눈이라곤 없었다.

하산시 만나는 보나티 산장.
현대식으로 잘 지어져 있다

토론체 언덕까지 완만한 산길이 이어진다.

쿠르마이예 계곡 주변 산들을 배경으로
이른 아침에 길을 떠나는 트레커들.

행진곡을 연출한다.

이윽고 2,584m 높이의 트론체 언덕(Tete de la Tronche)에 오른다. 흩어지는 구름 사이로 쿠르마이예 계곡뿐 아니라 그랑드 조라스 및 몽블랑 남동면이 건너다보인다. 잠시 쉬고 사팡 고개(Col Sapin, 2,435m)로 내려간다. 마침 두 명의 트레커가 올라오고 있다. 말라트라(Malatra) 계곡으로 간다니 그들은 고개를 흔든다. 눈이 깊어 자기들처럼 스패츠를 하지 않고는 힘들지 않겠냐며 걱정해준다. 배낭에 피켈까지 지참한 그들의 호의에 고마움을 표하고 사팡 고개에 내려 계속해서 눈밭 길을 걸어 내린다. 스패츠를 하지 않아 신발에 눈이 가득 찰 정도로 눈밭에서 허우적대며 아르미나(Arminaz) 계곡에 내려선다. 온통 눈뿐인 계곡 아래에 돌로 지은 막사가 한 채 있다. 잠시 쉰 후, 가능한 한 설사면을 피해 앙트르 되 소 고개(Col d'Entre Deux Sauts 2,521m)를 숨가쁘게 오른다. 1시간만에 고개를 넘어 이윽고 말라트라 계곡이다. 계곡 상단을 병풍처럼 둘러싸고 있는 봉우리들의 북면에서 쏟아진 눈사태가 계곡 바닥을 가득 메우고 있다. 6월인데도 거대한 눈사태가 발생해 있었다. 최대한 그 지역을 빨리 벗어나기 위해 눈밭을 열심히 걸어 내린다. 아래로 내려올수록 계곡은 넓어져 빙하가 녹은 급류가 세게 흘렀다. 몇 번 급류를 건너 마침내 눈밭을 빠져나와 풀밭에 닿는다. 여름철이면 사용하는 고원목장의 막사 옆 풀밭에 텐트를 치고 하루의 산행을 마감한다.

한줄기 소나기가 내리더니 이내 햇살이 든다. 오후의 따뜻한 햇볕에 텐트를 말리며 느긋한 시간을 즐긴다. 곧 밤이 오고 하늘에 어둠이 짙어졌다. 산정의 적막을 깨는 눈사태 소리가 계곡 건너편에서 간간이 들려오는 가운데 밤은 깊어졌다. 잠시 텐트 밖 풍경을 지켜보고서 추위에 몸을 움츠

말라트라 계곡의 야생화밭
3주 전만 해도 눈밭이었다.

리며 침낭 속에 든다.
 아침이 밝았다. 스산한 아침바람을 받으며 길을 걷는다. 한 시간 즈음 내려가 보나티 산장(Refuge Bonatti, 2,025m)에 닿을 즈음 어제 만난 두 명의 트레커가 올라오고 있다. 그들은 산장에 묵으며 이 주변을 트레킹 한다고. 이윽고 산장이다. 위대한 산악인 보나티를 기리기 위해 그의 친구들이 지은 산장이다. 이제 발길은 발 페레 계곡으로 내려간다. 차츰 고도를 낮춰 침엽수림에 접어든다. 나무들 사이로 치솟은 침봉들을 보며 계곡으로 내려와 쿠르마이예로 하산했다.

산행 길잡이

 여름 성수기인 6월말 전에 이 코스를 트레킹하기 위해선 캠핑장비가 필수적이다. 6월말에야 베르토네나 보나티 산장이 문을 열기 때문이다. 그리고 9월말이면 산장문을 닫는다. 6월말까지 북사면에 눈이 많아 방수가 되는 등산화뿐 아니라 스패츠 또한 필요하다. 꽃이 좋은 시기는 6월 말에서 7월 중순이다. 2,000미터 이상의 알파인 초원은 8~9월에도 운치 있는 트레킹 코스다. 계곡에서는 물이 풍부하지만 초원에서는 구할 수 없기에 충분히 준비하는 게 바람직하다.
 한편 샤모니와 쿠르마이예를 오가는 버스는 성수기에는 하루 네번, 비수기에는 오전, 오후 하루 두 번 운행한다.

*산장이용료 : 조석식 포함 1박에 약 50유로(카드대신 현금만 결제 가능)
*베르토네 산장 전화번호 : (0039) 0165844612
*보나티 산장 전화번호 : (0039) 0165842299/03656848578

2,581 미터의 트론체 언덕으로 오르는 트레커 뒤로 그랑드 조라스 남면이 보인다.

알파인 지대의 봄

고도 2,000m 지대의 알파인 지대에는 봄이 늦다.
6월말이 되어야 봄이 한창이다. 알프스의 긴긴 겨울동안 수 미터나 쌓인 눈에 짓눌렸던 대지가 해방을 맞은 셈이다. 모든 종류의 부조리한 억눌림은 이렇듯 봄눈 녹듯 사라져야 마땅하지 않던가.
이제 막 눈이 녹은 대지는 검은 흙빛이다. 한껏 고도가 높아진 태양의 햇살이 지난해의 묵은 풀들을 헤치고 땅속 깊이깊이 스며든다. 대지는 아지랑이를 피워 올리며 얼음의 마법에서 완전히 풀려나 대지는 기지개를 펴기 시작한다.
따뜻한 햇볕에 의해 대지의 속살, 흙 속에서는 얼음이 녹은 자리마다 작은 구멍들이 열린다. 이 구멍들마다 한 낮의 열기에 눈 녹은 물이 흘러든다.
하지만 알파인 지대의 밤은 아직도 춥다. 구멍 속의 물은 다시 언다. 살짝 언다. 알파인 호수의 표면에 살얼음이 얼 듯.
그러나 다음날 아침 힘차게 솟은 태양에 의해 간밤에 얼었던 모든 것들이 녹는다. 햇볕이 내리쬐어 구멍마다 얼음이 녹는다. 이렇게 구멍 속의 물은 날마다 얼고 녹기를 거듭하면서 흙 속의 그 구멍들은 커져가고 햇살은 좀 더 흙 속으로 깊숙이 스며든다. 봄의 대지에 온기를 잔뜩 불어 넣어준다.
이제 봄의 풀과 꽃들이 움직일 차례다. 한층 느슨하게 부풀어 오른 흙 사이의 공간들을 따라 새싹들이 고개를 내민다. 초록의 생명들이 앞다퉈 키 재기를 한다. 자연의 음악에 맞춰 행진하듯.
곧이어 이들은 각양각색의 꽃망울들을 맺더니 꽃잎을 활짝 펼친다. 다년생 야생화들과 마치 경주라도 하듯 자신들의 아름다움을 한껏 뽐낸다.
바위틈에 다소곳이 피어 있는 야생화의 생명력을 보라. 자연은 긴긴 기다림 후에 웃음을 피우는 인내를 가르쳐주고 있다.
산들바람에 나부끼는 봄꽃들의 떨림은 연녹색 봄풀들과 어울려 알파인 지대의 봄을 합창하고 있다.

6월말이 되어야 눈이 녹는다.

알파인 언덕에 눈녹은 물이 초여름에 이렇게 고이지만 한여름이 되면 마르는 경우도 있다. 그랑드 조라스 남면을 배경으로 트레커들이 물가를 지나고 있다.

알파인 호수에 비친 몽블랑 남벽을 배경으로 두 트레커가 걷고 있다.

13-발베니 언덕
몽블랑 남벽을 바라보며 걷는 즐거움

알프스에서 가장 규모가 크고 높으며 케이블카나 산악열차 같은 인위적인 도움을 받을 수 없는 등반대상지는 몽블랑 남벽이다. 발 베니 계곡의 차도에서 몽블랑 정상까지 3,000미터 이상의 고도차가 있는 이 거벽을 지켜보며 걷는 웅장한 트레킹 코스가 발베니 언덕길이다.
이 코스 또한 몽블랑 일주 중 지나기도 하며 쿠르마이예에서 당일 혹은 1박2일 원점회귀 코스로 산행이 가능해 현지 트레커들이 많이 찾는다.

산행기점인 콩발 호수로 내려가는 트레커들.

미아쥬 빙하 하단 모레인 지대를 배경으로 오르는 두 트레커. 모레인 지대의 바위를 아래는 얼음이 흐르고 있다

발 베니 언덕길은 숲길이 적다.

한 시간 이상 오르막을 올라야 한다

산행시간
쿠르마이예(1,226m)-발베니 버스 종점 : 20분
버스 종점-콩발 호수(1,970m) : 1시간 30분
콩발 호수-목장 돌집(Arpe Vieille) : 1시간
돌집-알파인 호수(lac Checroui) : 1시간
알파인 호수-메종 비예이 산장(refuge de Maison Vieille 1,956m) : 1시간
메종 비예이 산장-몽테 비앙코 산장(refuge Monte Bianco 1,650m) : 30분
메종 비예이 산장-쿠르마이예 : 1시간 30분

산행정보
 발베니 언덕길은 몽블랑 남벽을 보면서 걷기 좋아 계곡 위에서 아래 쪽 쿠르마이예 방향으로 걷는 게 좋다. 쿠르마이예에서 버스를 타고 계곡 종점까지 가 한동안 산판도로를 따라 걷는다. 콩발 호수에서 산길에 접어들어 본격적인 산행이 시작되는데, 한 동안 오르막을 오르고 나서는 길이 평탄하다. 이 코스에선 도중에 식수가 귀하기에 충분한 물을 지니고 가는 게 좋다.
 산행 중에 이용할 산장은 두 군데 있는데, 성수기에는 예약후 찾는 게 바람직하다. 메종 비예이 산장이 전망도 좋고 편한 위치에 있지만 붐비기에 조금 더 걸어야 하는 몽테 비앙코 산장을 추천한다.
*산장 이용료 : 두 산장 다 1박시 요금은 조석식 포함 약 50유로.
*몽테 비앙코 산장 전화번호 : 01 65 77 86 02 / 76 87 76
*메종 비예이 산장 전화번호 : 01 65 80 93 99

샤모니형 가는 다른 풍경의 알 파인 지대에서 오솔길을 끼고 오르는 트레커.

트레커들 뒤로 당 뒤 제앙에서부터 그랑드 조라스까지 4,000미터 이상 봉우리들이 펼쳐져 있다.

산행기

 산행기점인 쿠르마이예에서 발 베니 행 버스를 탄다. 몽블랑 방향으로 산길을 돌아오른 버스는 30분도 되지 않아 계곡 상단 버스 종점에 닿는다. 이어 길은 시멘트로 포장된 산판도로를 따라 오른다. 일반차량은 못 다니게 입구가 막혀 있는 길이다. 콩발 호수까지 1시간 30분 동안 우측 머리 위로 솟은 몽블랑 남벽을 일별하면서 걷는다. 완만한 오름길이 이어진다. 이마에 땀이 맺힐 즈음 콩발 호수에 이르는데, 호숫가 휴게소에서 잠시 쉬어갈만 하다. 본격적인 산행은 호수 하단을 좌측으로 끼고 100미터 즈음 가면 오르막 산길이 시작된다.
 키를 넘는 떡갈나무 사이로 난 오르막을 비스듬이 오른다. 20분도 오르지 않아 나무들은 키가 작아지며 차츰 자취를 감춘다. 뒤따라오르는 이들 뒤로 콩발 호수와 미아쥬 빙하가 내려다 보인다. 미아쥬 빙하는 몽블랑을 오르는 가장 쉬운 코스 중 하나이지만 아직 내가 오르지 못한 길이다. 대체로 샤모니 쪽에서 많이 오르고 있다. 여러 트레커들과 어울려 작은 개울도 지나고 오르막을 끼고 돌아오르면 여름철에 소들을 풀어놓아 기르는 알파인 목장의 돌집(Arpe Vieille)이 나타난다. 1시간 동안 오르막을 오른 후라 다들 여기서 잠시 쉬어간다.
 돌집 뒤로 오르막을 10분 즈음 오른 후부터 본격적으로 쿠르마이예 방향으로 산허리길을 돌아 걷는 길이다. 첫 언덕에 이르면 발 베니 계곡이 한 눈에 내려다보인다. 프랑스와 이태리의 국경인 세이뉴 고개에서부터 몽블랑 남벽 아래의 발 베니 계곡, 그리고 건너편의 발 페레 계곡 쪽까지 눈에

들어온다. 길은 작은 언덕을 오르내린 후, 한동안 수평이 이어지는 지점에 알파인 호수(lac Checroui)가 나타난다. 돌집에서 약 한 시간 거리다. 몽블랑의 남면이 수면에 비치는 풍경이 좋다. 시간적인 여유가 있다면 주변에서 노닐다 가길 권한다.

이후 길은 오르내림이 없이 거의 평탄하게 이어진다. 계곡이나 개울이 없고 그늘 또한 없어 한여름의 오후에는 다소 무덥고 지겹게 느껴지는데, 한층 가까워진 몽블랑 남벽을 좌측에 끼고 걷기에 참을만 하다. 마지막으로 완만하게 이어진 야생화 밭을 끼고 내려오면 메종 비예이 산장(refuge de Maison Vieille 1,956m)이다. 산장 앞 뜰에는 쿠르마이예에서 리프트를 타고 올라온 피서객들이 파라솔 아래 벤치에 앉아 많이들 쉬고 있다.

산장 앞에서 일행들을 기다리며 시원한 맥주를 한잔 한다. 산장 뒤 숲 위로 펼쳐진 몽블랑 산군의 침봉들이 멋지다. 비예이 산장은 많은 이들에게 인기있는 곳이기에 성수기에는 좀체 잠자리를 잡을 수 없다. 산장 뒤 전나무 숲으로 들어서서 내리막을 약 20분 내려가면 스키슬로프가 나타나는데, 다시 10분 즈음 걸어내리면 몬테 비앙코 산장(refuge Monte Bianco 1,650m)이 나타난다. 오히려 이곳이 더 조용하고 트레커들에게 어울리는 산장이다. 잠자리 또한 편하며 저녁식사 때 만나는 이들 또한 대부분 트레커들이기에 햇살에 검게 탄 웃는 얼굴로 서로 정보교환도 하면서 즐거운

에귀 그레이셔를 배경으로 언덕을 넘어오는 트레커.

정상까지 고도차 3,000미터 이상되는 몽블랑 남벽을 앞에 두고 걷는 트레커들

몽테 바양코 산장에서 묵고 다음날 쿠르마이예로 가기 위해 전나무 숲길을 오르는 모습.

저녁시간을 보낼 수 있다.
 다음날 아침에 쿠르마이예로 내려가기 위해선 곧장 발 베니로 내려가 버스를 탄다거나 도로를 따라 걸어내릴 수 있지만 트레커에겐 산길이 제격이라 다시 메종 비예이 산장으로 오른다. 이른 아침의 전나무 숲길이라 오르막길이 힘겹지 않다. 약 40분 올라 비예이 산장 앞 벤치에서 잠시 땀을 식힌다. 커피 한잔 하는 운치도 누려볼만 하다. 아울러 쿠르마이예가 지척이기에 여유를 부릴만 하다. 하산길은 리프트 좌측을 끼고 내리면 된다. 스키 슬로프를 따라 완만하게 굽이쳐 내리는 내리막은 쿠르마이예에서 올라오는 중간 케이블카역으로 이어진다. 여기서 길은 오른편으로 계속 이어진 스키슬로프를 따라가지 말고 케이블카역 좌측편에 나 있는 경사가 심한 산길을 걸어내린다. 스키슬로프를 따라가도 되지만 지겹다.
 경사가 심한 오솔길은 도중에 스키슬로프와 만나기도 하지만 숲길로 이어진다. 숲 하단에서 우측으로 접어들면 쿠르마이예의 구시가지다. 수백년 전부터 살아온 산골마을의 분위기가 느껴지는 곳이다. 오래된 돌집을 개보수해서 살고 있는 이곳 사람들의 정취를 느낄 수 있는데, 남북으로 이어진, 붉은 벽돌이 깔린 마을 중앙길이 인상적이다. TMB 길은 이 길 중앙에 위치한 교회 옆에서 빠져나간다. 신시가지로 이어진 내리막 도로 옆을 끼고 내려 발 베니와 발 페레에서 흘러내린 거대한 급류 위로 난 다리를 건너면 쿠르마이예 신시가지다. 버스 정류장이 곧 나타나는데, 남동쪽으로 난 작은 마을길을 따라 50미터 즈음 가면 나타나는 정통 이태리 식당에서 피자와 함께 맥주 한 잔으로 다음 트레킹 일정을 준비하면 된다.

몽테 비앙코 산장에서
맞이하는 저녁시간.

메종 비예이 산장에서 아침을 맞는 트레커들.

메종 비에이 산장의 아침풍경
위로 몽블랑의 두 빙하가 양쪽
으로 흘러내리고 있다.

쿠르마이예의 구시가지 골목길. 대대로 살아온 산골사람들의 손길이 느껴지는 곳이다.

붉은 제라늄 화분이 잘 놓여 있는 한 민가에서 할머니가 햇살에 담요를 말리고 있다.

14-몽블랑 일주
TMB(Tour du Mont Blanc)

 알프스 산맥에서 몽블랑 산군은 다른 산군들에 비해 높을 뿐 아니라 천여 개의 수많은 형상들로 이뤄진 하나의 큰 산덩어리이다. 이 산군의 가장 긴 쪽의 길이는 50km에 달하고 짧은 쪽은 15km 정도가 된다. 그리고 이 산군을 덮고 있는 만년설과 얼음의 넓이는 약 120평방 km에 달한다. 몽블랑 일주는 몽블랑 산군을 중심으로 주위를 한 바퀴 도는데 의심할 여지없이 알프스에서 가장 아름다운 트레킹 코스로서 푸른 고산 목초와 산림지대를 지나면서 알프스의 모든 장관들을 만끽할 수 있다. 프랑스, 이태리, 스위스 3개국이 접한 이 코스의 모든 산모퉁이 마다 멋진 장관이 펼쳐져 있으며, 이러한 웅장한 알프스의 경관뿐 아니라 알프스 고유의 전통문화도 접할 수 있는 트레킹 코스이다.

몽블랑 동벽을 배경으로 사팡
언덕을 걷는 트레커들.

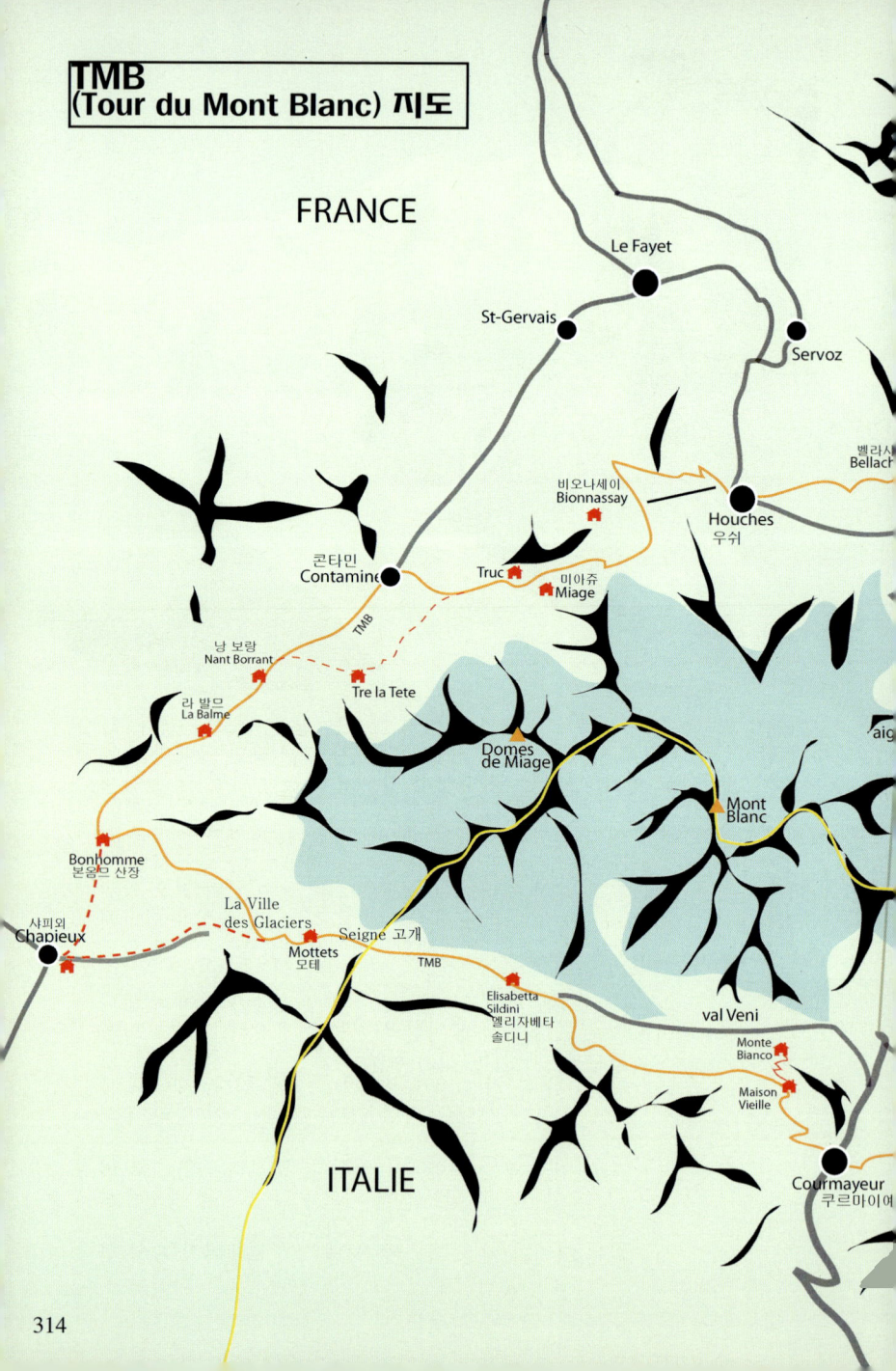

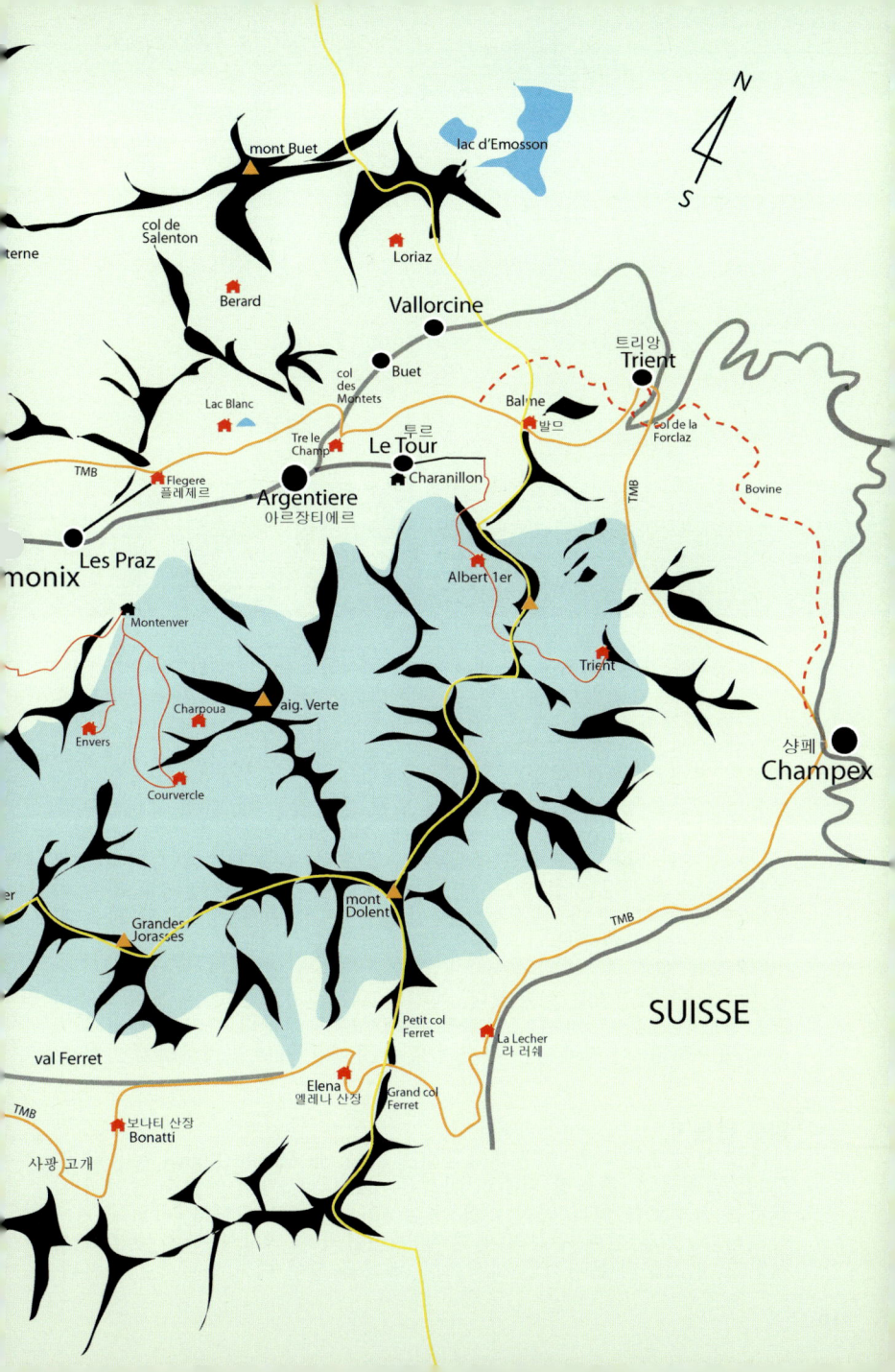

샤모니서 우쉬를 경유해 첫 오르막인 보자 고개(1,653미터)에 올라 몽블랑의 서쪽면을 배경으로 열심히 오르는 일행.

내가 몽블랑 일주를 처음 한 것은 1999년 여름이었다. 지인 한 명과 12일간 걸어 한 바퀴 돌았다. 몽블랑 산군을 외곽에서 전체적으로 조망해볼 수 있는 좋은 경험이었다. 해발 1,000m 대에서 최고 2,700m 고지의 고개를 넘나드는 이 코스엔 겨울이 빨리 온다. 9월 중순이면 벌써 큰 고개에 눈이 쌓이곤 한다. 적절한 트레킹 시기는 6월말부터 9월 중순이다. 여유 있게 몽블랑 산군을 둘러보려면 10일에서 보름 정도 잡는 게 좋다. 하지만 시간이 허락지 않으면 5일에서 1주일 정도도 가능하다.

앞서 소개한 많은 트레킹 코스들이 이 몽블랑 일주 코스에 포함되는데, 부분적으로 트레킹을 할 수도 있지만 한꺼번에 하는 일주산행의 맛에 비할바는 못되리라 본다. 대체로 몽블랑 일주는 시계반대방향으로 하는 편이 경치 등 여러 면에서 나은 것 같다.

첫 몽블랑 일주 후, 나는 세 번 더 몽블랑 일주를 했다. 두 번째부터는 걷는 대신 산악자전거를 이용했다. 자전거로 돌더라도 코스는 거의 같으며 5일 정도 소요된다. 자전거 일주를 위해서는 무엇보다 강인한 체력과 기술이 필요하다. 이 장에서는 자전거 일주 산행을 일부 소개하기로 한다.

일주 완등기

MTB(산악자전거)를 이용하여 TMB(Tour du Mont-Blanc, 몽블랑 일주)를 달려본다. 몽블랑 일주의 기점은 샤모니다. 가이앙 호수 옆에서 시작하는 산책로를 따라 남쪽 마을 우쉬(Houches)로 향한다. 아침 공기가 상쾌하다. 30분 만에 우쉬의 벨뷔 행 케이블카 역 우측의 산길 초입에 도착한다. 이제부터 본격적인 시작이다. 배낭을 고쳐 메고 오르막을 오른다.

비오나세이 마을 아래의 다리. 비오나세이 빙하에서 흘러내리는 급류다.

30분도 오르지 않아 땀이 비오듯 솟는다. 2시간 동안 열심히 자전거를 타거나 끌고 보자 고개(Col de Voza, 1,653m)에 닿는다. 스키 슬로프 옆을 따라 오르막은 지루하게 이어져 있다.

보자 고개에서는 아랫길 즉, MTB길을 따른다. 물론 트레커는 여기서 트리코(Tricot, 2,120m) 고개를 거쳐 미아쥬(Miage, 1,559m) 산장쪽으로 걸어가는 게 좋다. 경치가 더 좋기 때문이다. 자전거는 우선 비오나세이(Bionnassay) 마을까지 내려간다. 급경사의 비포장길을 조심해서 달린다. 차츰 고도를 내림으로써 아름다운 알프스 샤렛들이 눈에 들어온다. 20분 이상 내려오니 아담한 산간마을 비오나세이다. 마을 중간에서 이정표를 따라 계곡 왼편으로 횡단한다. 계곡 위의 비오나세이 빙하가 토해내는 급류를 건너 오르막 산길을 오른다.

좁고 굴곡진 산길을 자전거를 들고 힘겹게 오른다. 거의 힘에 부칠 즈음 나타난 임도가 고속도로처럼 반갑다. 1차선 넓이의 비포장길을 아래로 신나게 달린다. 쏜살 같이 달리면서 바로 이 맛에 산악자전거를 타는 거란 생각도 잠시, 곧 도착한 샹펠(Champel) 마을에서 만난 첫 이정표를 따라 다시 오른다. 한 시간 이상 산길을 오르내린 후에 빌레트(Villette)에 도착한다. 이후 자전거 길은 콘타민(Contamines)까지 잘 닦여져 있다. 산책로 겸 자전거길이 한산하여 달리기에 더없이 좋다. 하지만 숲길에서 벗어난, 콘타민 바로 아래의 약 10분간의 거리는 땡볕 아래 기나긴 오르막 질주다. 마침내 도착한 콘타민, 마을이라기보다는 꽤 규모 있는 산악도시다. 샤모니보다 규모가 작지만 이 일대에선 가장 큰 휴양마을로서 각종 레저시설이나 상점들이 즐비하다. 이곳에는 자전거 점포도 하나 있으며 등산장비점도 있다. 마을 중앙에 위치한 교회 앞을 지나다가 자전거를 세운다. 각

쿤디민을 지나 발므 산장(1,706미터) 아래의 알파인 목장 지대. 줄곧 길을 따라가다 좌측 숲 위에 발므 산장이 있으며, 봉옴므 산장은 좌측 끄트머리에 위치한 봉옴므 고개(2,329미터)를 지나 2시간 더 가야 한다.

발므 산장에서 본옴므 고개로 오르는 트레커들. 이 지점 후부터 길이 험해진다. 여기서 본옴므 고개로 오르지 말고 조베(Jovet) 호수로 올라 아름다운 알파인 호수를 둘러보고 앙크라브 고개(Col d' Enclave, 2672m)를 넘어 모테 산장으로 바로 갈 수도 있다. 고갯길이 험하기에 시즌초에는 피하는 게 좋다.

본옴므 산장 못미친 지점. 돌길이 많은 지대라 2,000미터 이상에서 자전거를 져 옮기기도 한다.

종 꽃과 어울린 교회의 분위기가 눈길을 끌어 둘러본다. 몽블랑 일주의 즐거움 중 하나다.
또 출발이다. 완경사의 산간도로라 힘들지 않다. 아스팔트를 벗어나 각종 레저시설 옆을 끼고 오른다. 숲길이라 시원하다. 아침부터 자전거 안장에

본옴므 산장 아래의 알파인 산록지대를 타고 내린다.

사피외에서 모테 산장으로 오르던 중 알프스의 산양들을 보며 긴 오르막길을 달린다.

걸터앉아 엉덩이에 뿔이 날 즈음, 가파른 산길이 시작되어 이제부터 자전거를 밀고 오른다. 낭-보랑(Nant-Borant) 산장까지 계속해서 오르막이다. 트레커는 콘타민을 거치지 않고 산길을 돌아올 수 있다. 즉 미아쥬 산장에서 계속 산길을 우회해 콘타민으로 내려서지 않고 트레 라 테트 산장

모테 산장에서 점심을 먹는 일행들.

(Tre la Tete, 1,970m)으로 산허리를 돌면 된다. 이 산장에서 자든 낭-보랑 산장으로 내려오면 된다.

 이후 1km의 완사면이 시작되어 자전거에 올라탄다. 최대한 페달을 밟는다. 차츰 머리에 열이 날 즈음 자전거에서 내려 발므(Balme, 1,706m) 산장으로 오른다. 여기서부터 본옴므 고개(Bonhomme, 2,479m)까지 줄곧 오르막이다. 가파르고 좁은 돌길이라 자전거를 밀고 오르는 게 여간 고역이 아니다. 어떤 구간에선 아예 두 손으로 자전거를 들고 오른다. 기진하여 도저히 안 되겠다 싶어 배낭을 벗어 쉰다. 어쨌든 본옴므 고개를 넘어야 한다. 해가 지려면 3시간 이상 시간이 남아 있다.

프랑스와 이태리 국경 세이뉴 고개 (2,516미터)에서 몽블랑 산군을 좌측에 두고 쿠르마이예로 내려가고 있다.

몽블랑 남동면을 등에 업고 보나티 산장으로 향하는 산악자전거 마니아들. 사팡 언덕 북측 둘레길이다.

쿠르마이예에서 두 시간 거리인 베르토네 산장을 뒤로 하는 아들. 30분이면 사방 언덕에 오른다.

 안개가 몰려오고 날이 어두워질 기세다. 인적 또한 드물어 도중에 양떼 밖에 못 만났다. 고도를 높이자 길은 험해지고 군데군데 잔설이 보인다. MTB가 새삼 어렵다는 점을 깨달을 즈음 고개 정상이다. 바람이 세차다. 다행히 3평 남짓한 나무 대피소가 있다. 해가 지려면 한 시간 이상 남아 있다. 이곳에선 식수가 없기에 본옴므 산장까진 가야 한다. 고개에서 산장까진 긴 완경사의 사면을 한 시간 이상 올라야 한다. 완경사이긴 하지만 좁은 돌길이라 자전거를 끌고 가기가 여간 성가시지 않다. 아침부터 12시간 가까이 움직이고 있는 셈이다. 마지막 힘을 다해 언덕 하나를 넘자 본옴므 산장이다.
 맑게 갠 둘째 날이다. 몸이 풀리지 않은 상태에서 기나긴 하산길이 이어진다. 자전거를 끌거나 타고 내려간다. 한참 내려가 알파인 목장에 이르고서 또다시 20분간 산길을 타고 내려 제법 넓은 길을 만난다. 걸어선 한 시간의 거리를 십 분 만에 타고 내리니 샤피외(Chapieux) 마을이다. 산장과 레스토랑, 관광안내소 등이 있다. 관광안내소엔 이곳서 멀지 않은 계곡 아랫마을 부르 생 모리스(Bourg-Saint-Maurice)에 대한 광고가 태반이다. 언젠가는 찾아가볼 생각만 하고서 프랑스와 이태리의 국경인 세이뉴 고개(Col de la Seigne, 2,516m)로 오른다. 한 시간 이상 2차선의 아스팔트길을 따라 오른다. 지나는 차량이 거의 없어 자전거를 자신의 체력에 맞게 속도를 조절하며 오르기엔 더없이 좋다. 이윽고 빙하마을(La Ville des Glaciers)에 이른다. 이곳까지 차량이 들어오기에 여기서부터 산행을 시작하는 트레커들이 보인다.
 모테(Mottets, 1,870m) 산장까지 완사면의 산길을 걸어 오르는데, 말에 짐을 잔뜩 실은 트레커들이 내려오고 있다. 대체로 몽블랑 일주는 시계 반대방향으로 하는데 이들은 거꾸로 하고 있었다. 이어 도착한 모테 산장은

엘레나 산장 아래의 비포장길. 산장까지 길이 편하다. 뒤에는 프레 데 바 빙하가 흘러내리고 있다.

큰 개울을 끼고 있는 아담한 산장이다. 많은 트레커들이 야외 벤치에 앉아 포도주잔을 기울이고 있다.

두셋 팀의 트레커들과 엎치락뒤치락 하며 2시간 이상 오르면 세이뉴 고개다. 이제부터 이태리 땅임을 확인시켜주듯 고갯마루엔 이태리인들이 모여 있다. 이제 발베니(Val Veni) 계곡으로 달린다. 고개에서 1시간만에 엘리자베타(Elisabetta) 산장에 이르고 이후 쿠르마이예(Courmayer, 1,226m)까지 줄곧 달린다. 페달 한번 밟지 않고 10여 km를 달린다. 계곡 좌측으로 몽블랑의 거대한 남벽이 솟아 있다. 이렇게 신나게 달리니 이내 이태리 최대의 산악도시 쿠르마이예다. 한편 트레커들은 국경고개에서 엘리자베타 산장을 거쳐 콩발(Combal) 호수까지는 같은 길로 내려와 산간도로로 직진해 내려가지 않고 다시 산길로 접어든다. 오르막길을 한 시간 동안 올라 산허리를 끼고 완경사도의 산길을 기분 좋게 횡단한다. 물론 좌측 계곡 건너편에는 몽블랑의 웅장한 남쪽 면이 한눈에 들어온다. 도중에 작은 호수도 있어 주변에서 캠핑해도 되며 메종 비예이 산장(Refuge de Maison-Vieille, 1,956m)까지 갈 수도 있다. 몽블랑 남벽이 곧바로 건너다보이는 이 산장에서 쿠르마이예까지는 스키 슬로프를 따라 내려오면 된다.

이태리 최대의 산악도시 중 하나인 쿠르마이예의 거리는 샤모니보다 활기가 넘치는 분위기다. 이탈리아 사람들의 기질 때문이리라. 산행에 필요한 모든 물품을 구입할 수 있다. 충분한 여유가 있다면 몸과 마음을 위해 이곳서 하루 이틀 머물고 몽블랑 일주를 계속해도 좋다. TMB(몽블랑 일주)는 시내 중심가의 가이드 조합 윗길에서 다시 시작한다. 베르토네(Bertone, 1,970m) 산장까지 2시간 이상 오른다. 가파른 돌계단이나 비탈길에선 자전거를 들고 오른다. 베르토네 산장이다. 쿠르마이예 계곡이 한눈에 들어오는 전망 좋은 산장이다. 인심 좋은 산장지기와 하룻저녁 즐겁게 보내도 좋으며, 산장에서 20분 즈음 오르막을 올라 풀밭 언덕에 캠핑을 해도 좋다. 몽블랑 산군의 남쪽 풍광을 제대로 카메라에 담으려면 캠핑이 좋겠지만 그만큼 체력이 받쳐줘야 한다.

셋째 날 아침, 비는 그쳤지만 흐리다. 웅장한 몽블랑의 동면을 기대했지만 허사다. 일주 중 날씨운은 반반이다. 짐을 꾸려 출발한다. 사팡 고개(Col Sapin, 2,436m)까지 알파인 산록을 걷는다. 사팡 고개를 거쳐 보나티 산장(Refuge de Bonatti, 2,025m)까지 3시간 걸린다. 아마도 당대 아니, 역사상 가장 위대한 알피니스트 월터 보나티를 위해 그의 세

엘레나 산장을 지나 그랑 페레 고개(2,537미터)로 오르는 이들.

그랑 페레 고개로 오르는 일행들 뒤로 페레 계곡이 펼쳐져 있다. 저멀리 또다른 국경고개인 세이뉴 고개가 얼핏 보이며, 그 아래로 베니 계곡도 보인다.

이태리와 스위스의 국경인 그랑 페레 고개에서부터 줄곧 내리막이다. 2,000미터 이상 고도차를 계속해서 타고 내린다.

스위스의 라 포울리 마을 못미친 지점을 지나고 있다. 좌우로 야생화 꽃밭이 펼쳐져 있는 걷기 편한 길이다.

샤모니 계곡의 북측 마을 투르에 도착한 일행. 제라늄 등 온갖 꽃들로 장식된 민가.

친구들이 몇 년 전에 지은 이 산장은 최신시설로 깔끔하기 이를데 없다. 실내엔 보나티가 젊었을 때 활동하던 사진들로 채워져 있다. 어느 해 여름에 나는 주말을 보내기 위해 올라와 있던 70대 초반의 백발이 성성한 보나티를 운좋게 볼 수 있었지만 이제는 이 세상 사람이 아닌 그를 다시는 만날 수 없다.

이후 발 페레(Val Ferret) 계곡으로 내려와 엘레나 산장(Refuge de Elena, 2,062m)에 이르러 여장을 푼다. 저녁이 되어 이태리와 스위스의 국경인 그랑 콜 페레(Grand col Ferret, 2,537m)를 넘기 힘들기 때문이다. 다음날 아침, 안개가 자욱하다. 한 시간 즈음 올랐을 때 빗방울이 듣는다. 페레 고개를 넘는 게 여간 힘겹지 않다. 4시간 만에 스위스의 페레(Ferret) 마을에 이르고서 계속해서 내리막이다. 주변 경관을 즐길 겨를 없이 30km의 내리막 길을 지겨울 정도로 달리면 마르티니(Martigny)다. 물론 트레킹은 계속해서 같은 계곡을 따라 내려가다가 이제르(Issert) 마을에서 산길로 접어들어 샹페(Champex, 1,466m) 마을로 1시간 반 동안 오른다. 마을 중앙에 거대한 인공호수가 아름답다. 여기서 자고 다음날 다르페트 고개(Fenetre d'Arpette, 2,665m)로 4시간 올라 트리앙(Trient, 1,326m) 마을로 내려간다.

마르티니까지 자전거를 타고 내린 후, 다시 산간도로를 따라 포르클라 고개(Col de la Forclaz, 1,526m)를 넘는다. 물론 샹페에서 다르페트 고개를 넘지 않고 보빈느(Bovine)을 지나 포르클라 고개로 올 수도 있다. 자전거로 3시간 오르막을 오르는 고역이지만 힘겹게 고개를 넘어 트리앙 마을에서 묵고 다음날 국경을 넘어 샤모니로 간다. 한편 트리앙에서 트레커들은 발므 고개를 넘어 몽테 고개에서 에귀 루즈 산군을 트레킹하며 샤모니 계곡으로 내려온다. 몽테 고개를 넘은 자전거는 투르 마을에서 숲길을 따라 아르장티에르 마을을 거쳐 샤모니로 돌아온다.

산악자전거 정보

몽블랑 일주 산악자전거 여행을 위해선 2,500미터 내외의 국경 고개들도 몇 개 오르내려야 하기에 강인한 체력이 바탕되어야 한다. 어느 정도 다운힐 실력 또한 갖춰야 한다. 짐을 최소화해 산장을 이용해야 하기에 사전에 예약하는 게 바람직하며 비상공구 및 상비약 준비는 필수다. 6월말까지는 몇몇 구간에 잔설이 남아 있어 적기는 7월부터 8월말까지 좋다. 이동통로는 대체로 트레킹 구간을 따르지만 시간적인 여건을 고려해 산길 대신 산판도로를 이용할 수 있다.

예로 몽블랑 남쪽의 콩발 호수에서 메종 비에이 산장으로 가지 말고 곧장 쿠르마이예로 내려온다거나 쿠르마이예에서 엘레나 산장으로 바로 오를 수도 있다. 한편 발 페레 고개에서 스위스 땅인 라 풀리 계곡을 곧장 내려 샹페 마을로 오르지 않고 마르티니까지 내려가 포르클라 고개로 산간도로를 따라 오를 수 있다. 그리고 샤모니 쪽에서도 에귀 루즈로 가지 말고 노스 발콘 숲길을 타고 내린다. 약 5일이면 여유있게 라운딩을 할 수 있는데, 일주후 발므 언덕이나 플레제르, 보자 고개 등에서 멋진 다운힐을 즐길 수 있다.

몽블랑 일주 산행 길잡이

 알프스 최고의 트레킹 코스인 몽블랑 일주(TMB)를 위해선 충분한 도보 산행 경험이 있어야 함은 물론 모레인이나 설사면과 같은 다양한 산악지형에서의 워킹에 익숙해야 한다. 또한 그날 밤에 묵을 샤렛이나 산장에 미리 연락하여 잠자리를 예약해 두어야 낭패를 면할 수 있다. 캠핑을 염두에 둔 트레커는 지도를 숙지해 다음번 잠자리를 확인해두는 게 좋다. 트레킹 중에 만나는 알파인 호수 주변이 좋지만 물을 구할 수 없는 구간도 많다.

트레킹 적기 : 6월 중순~9월 말 사이지만 7월 15일~8월 15일 한 달간 가장 많은 트레커들이 찾는다. 물론 겨울에도 할 수 있겠지만 눈이 많고 산장이 폐쇄되기에 찾는 이들이 거의 없다.
소요 기간 : 약 7~12일 / 총 거리 : 217km
산장 이용 : 성수기엔 미리 예약하는 편이 좋으며, 하룻밤 숙식(저녁과 아침 포함)은 약 50유로 정도하며, 숙박만 하는 경우엔 18유로 정도다. 산장마다 1~2유로의 차이가 있으며, 카드대신 현금 결재만 가능하다. 프랑스와 이태리에선 유로화, 스위스에서는 스위스 프랑이 유용하며 100 유로 이상의 고액환은 불편할 수 있다.
장비 : 몇몇 구간에선 설사면을 횡단해야 하는 경우도 있지만 하계에는 빙벽장비는 필요치 않으며, 일반적인 장기산행 장비면 무난하다. 또한 산장을 이용하지 않고 산행할 경우, 그에 따른 캠핑 장비를 준비하면 된다. 아울러 충분한 보온의류를 준비하는 게 바람직하다. 8월에도 2,000미터 이상의 고갯길에 눈이 쌓여 있는 경우가 있다. 방수가 되는 등산화는 필수며, 얇은 장갑과 방한모, 방한복 및 방수복 하나씩은 지참하는 게 바람직하다.
일기예보 : 08 36 68 02 74 / www.chamonix.com/weather
산행정보 : Maison de la Montagne(Chamonix) 04 50 53 22 08

*주요 산장 연락처

chalets de Miage(1,559m) : tel. (00 33)04 50 93 22 91
refuge de la Balme(1,706m) : tel. (00 33)04 50 47 03 54
refuge de la Croix du Bonhonme(2,440m) : tel. (00 33)04 79 07 05 28
chalet-refuge des Mottets(1,870m) : tel. (00 33)04 79 07 01 70
refuge Elisabetta Soldini(2195m) : tel. (00 39)01 65 84 40 80
refuge de Maison Vieille(1,956m) : tel. (00 39)01 65 80 93 99
refuge Monte Bianco(1,650m) : tel. (0039)01 65 77 86 02 / 76 87 76
refuge Bertone(1,970m) : tel. (00 39)01 65 84 46 12
refuge Bonatti(2,025m) : tel. (0039)01 65 84 22 99
refuge Elena(2,062m) : tel. (00 39)01 65 84 46 88
gite les Glaciers, la Fouly : tel. (00 41)027 783 1171
chalet Au Club Alpin a Champex : tel. (00 41)027 783 1161
gite Moret(Trient) : tel. (00 41)027 722 2707
refuge du col de Balme(2191m) : tel. (00 33)04 50 54 02 33
gite la Boerne a Tre le Champ(1,417m) : tel. (00 33)04 50 54 05 14
refuge du Lac Blanc(2352m) : tel. (00 33)04 50 53 49 14 / 47 24 49
La Flegere(1,877m) : tel. (00 33)04 50 53 06 13
refuge de Bellachat(2,136m) : tel. (00 33)04 50 53 43 23

산간마을 가정집의 소박한 창가.

어딜가나 이정표가 잘 되어 있다.

브레방 오름길.

산행 중에 즐겁게 만나는 트레커들.

15-빙하 트레킹(발레 브랑쉬 설원)
알프스 최고봉 몽블랑을 바라보며 만년설 위를 걷는다

눈과 얼음, 빙하는 인류보다 훨씬 오랜 역사를 가지고 있을 것이다. 3,000m 이상의 알파인 지대, 즉 만년설 지대의 하얀 설원에서는 그 역사가 계속되고 있다. 송이송이 하얀 송이로 내리는 솜털 눈이 얼음이 되고 그것이 빙하가 되어 흐르고 있다.

창공을 가르며 솜털처럼 가볍게 흩날리던 눈송이가 쌓이고 쌓여 무거운 얼음덩이가 되고 중력의 법칙에 의해 아래로 밀려 내려간다. 이 산정 저 산정의 얼음덩이들이 모여 빙하를 이룬 후, 거대한 여세로 빙하의 웅장한 흐름을 형성한다. 빙하의 중심부에는 엄청나게 비대해진 몸무게로 인해 수많은 균열이 발생한다. 이것이 크레바스다. 다양한 형태의 크레바스는 간혹 알피니스트들을 집어삼키기도 한다. 수십, 심지어 100m 이상 되는 깊이의 크레바스는 지옥의 나락이나 다름없다. 옛날 사람들은 빙하를 저주받은 곳으로 여겼다. 그런 빙하 지대는 현대인들에게는 멋진 놀이터를 제공해주고 있다.

파노라마 횡단 곤도라에서 본 크레바스 지대. 빙하 트레킹 팀이 지나가고 있다.

파노라마 횡단 곤도라에서 본 제앙 빙하의 크레바스들. 좌측 투르 롱드와 우측 타퀼 사이 저 멀리 몽블랑이 살짝 보인다.

산행시간
에귀 뒤 미디 전망대(3,842m)-(도보)-코스믹 산장(3,613m) : 40분
코스믹 산장-(도보)-엘브로너 전망대(3,462m) : 2시간 30분
엘브로너-(곤도라)-에귀 뒤 미디 : 20분

몽블랑 산군에서 체험할 수 있는 최고의 빙하 트레킹 코스는 에귀 뒤 미디(Aiguille du Midi, 3,842m)에서 엘브로너(Helbronner, 3,462m)까지 이어진 지역이다. 샤모니서 케이블카를 타고 미디 전망대에만 올라도 몽블랑 산군을 웬만큼 조망할 수 있다. 하지만 만년설이 펼쳐진 설원을 걸으면서 보는 풍경만은 못하다. 간혹 심연의 크레바스를 건너뛰는 짜릿함도 느껴보며 프랑스와 이탈리아의 국경 전망대 엘브로너까지 가는 이 코스는 짧은 시간에 몽블랑 산군의 심장부를 대할 수 있어 많은 이들이 찾고 있다. 다만 초심자들은 반드시 경험자를 동반해야 하며 자일과 안전벨트로 서로의 안전을 확보할 수 있게 팀을 이뤄야 한다.

산행기

나는 1년에 몇 번 이 코스를 오간다. 카메라에 담기는 풍경이 좋기 때문이다. 눈이 많은 겨울철에는 설피나 스키를 이용해 빙하를 건너기도 하며 눈이 녹는 4월부터 10월까지는 아이젠을 신고 빙하 위를 걷는다. 어느 해 봄에는 이곳 친구들과 다녀왔다. 샤모니가 국제 산악도시임을 증명하듯 함께 한 4명의 친구들 국적 또한 모두 달랐다. 샤모니가 고향인 프랑스인 줄리앙, 영국인 베버, 캐나다인 줄리아, 슬로베니아인 유레일 등. 유레일과 베버는 휴가차 이곳에 와 있는데, 모두 줄리앙의 친구들.

우린 우선 1,030m의 샤모니에서 3,800m 고지의 에귀 뒤 미디 전망대까지 케이블카를 타고 올랐다. 맑은 날씨였다. 곧바로 아이젠이며 안전벨트 등을 착용한 일행은 가파른 설릉을 따라 내렸다. 유레일을 제외한 세 친구

빙하 트레킹의 출발지 에귀 뒤 미디 전망
대의 얼음동굴. 장비를 착용하고 있다.

는 자일로 한 몸이 되었다. 왼편으로는 1,000m 이상 낭떠러지이기에 추락하면 끝장이다. 그리고 혹 있을지 모를 숨은 크레바스로의 추락에 대비해 셋은 자일을 묶었다. 안전의식이 옅은 유레일과 나는 그들이 밟고 간 데로만 가면 숨은 크레바스는 피할 수 있을 거라 여겼다.

가파른 설릉을 내려와 설원 쪽으로 걷는데, 두 명의 산악스키어가 쏜살같이 지나간다. 물론 줄리앙이나 나, 유레일도 산악스키를 타지만 이번에는 가져오지 않았다. 바로 여기서 세계적으로 유명한 빙하스키코스가 시작된다. 겨울철에는 여기서 출발하여 메르 더 그라스(Mer de Glace)를 거쳐 샤모니까지 장장 24km를 타고 내린다.

계속해서 설원으로 향한다. 어떤 인공적인 광장보다 더 넓은 '하얀 계곡' 발레 브랑쉬(Vallee Blanche) 설원에는 텐트들이 몇 동 쳐져 있다. 멀지 않은 곳에 산장이 있지만 주변 산들을 오르는 전문산악인들의 텐트다. 이제 우리들은 발레 브랑쉬 설원 상단에서 완경사의 사면을 따라 내려간다. 사방을 둘러봐도 온통 눈과 침봉들뿐이다. 이 광경을 처음 본 베버와 유레일이 탄성을 지른다.

배낭을 벗어두고 휴식을 취하며 바로 앞에 병풍처럼 펼쳐진 알프스의 장벽들을 지켜본다. 얼마 전에 줄리앙과 내가 오른 코스를 친구들에게 설명해준다. 또한 빙하에 얽힌 슬픈 옛이야기도 나눈다.

아주 먼 옛날 알프스의 한 산골에 꽃다운 나이의 연인이 있었다. 알피니스트였던 남자는 사랑하는 여인의 만류에도 불구하고 높고 험한 곳을 오

에귀 뒤 미디에서 북동으로 난 설릉을 조심해서 내려간다.

르고픈 열정을 이기지 못해 빙하가 굽이쳐 흐르는 높은 산으로 갔다. 하지만 남자는 끝내 돌아오지 못했다. 빙탑이 무너져 그는 그만 크레바스 속에 묻혀 버렸다고 한다. 남자를 잊지 못한 여자는 시간만 나면 빙하 아래에 가 그 남자를 그리워했다. 어느 날, 빙하를 보며 그를 생각하던 여자는 푸른색 얼음 속에 무언가가 있음을 알고 다가가 보았다. 여자가 그토록 잊지 못했던 사랑, 그 남자였다. 세월이 흘러 여자는 백발이 다 되었지만 그녀의 사랑은 마지막 포옹을 하고 떠나던 그대로의 모습, 여전히 젊은 청년의 모습을 하고 있었다. 이 이야기의 사실 여부를 떠나, 알프스의 빙하에서 수천 년 전의 미라가 발견되었다는 해외토픽에서처럼 빙하 속의 사람은 좀체 늙지 않는가 보다.

 다시 걷기 시작한다. 설원엔 먼저 간 산악인들의 발자국이 있어 어렵다거나 위험해 보이지는 않는다. 1시간 이상 설원을 가로질러 내려온 다음부터 오르막이 시작되는데, 제앙 빙하다. 좌우로 크레바스들이 보이지만 위험해 보이지 않는다. 10여 분 더 갔을 무렵, 길이 끊겨 있다. 가만히 보니 숨은 크레바스에 누군가가 빠졌던 흔적이 있다. 할 수 없이 멀리 우회하여 그 곳을 지나온다.

 크레바스 지대를 벗어나 계속되는 눈밭 오르막이다. 천천히 숨을 고르며 설사면을 따라 오른다. 오른편으로 알프스의 최고봉 몽블랑을 배경으로 수많은 봉우리들이 펼쳐져 있다. 멋진 경치를 즐기며 천천히 발걸음을 옮긴다. 3,000m 이상 되는 고지라 처음 이곳에 온 베버와 유레일이 숨차 한

제앙 빙하의 크레바스 지대를 즐겁게 통과하고 있는 일행.

다. 이윽고 엘브로너 전망대가 보인다. 전망대 난간에서는 관광객들이 사진을 찍고 있다. 우리도 눈밭에서 몽블랑을 배경으로 기념사진을 찍으며 3시간 동안의 빙하 트레킹을 마친다. 돌아올 땐 엘브로너에서 에귀 뒤 미디까지 운행하는 몽블랑 파노라마 곤도라를 탄다. 창밖으로 우리들이 설원에 남긴 발자국들을 지켜보는 즐거움도 가졌다.

산행 길잡이

 이 트레킹 코스는 갈 때는 걷고 돌아올 때 곤도라를 타는 게 좋다. 3시간이면 충분하며 샤모니로 돌아오는 마지막 곤도라 시간은 오후 3시 30분이다. 바람이 많이 분다거나 악천후에는 곤돌라가 운행하지 않는다. 코스믹 산장(전화:33 (0)4 50 54 40 16)이나 토리노 산장(전화:39 (0)165 844 034)에서 자고 빙하 트레킹을 할 수도 있다. 하지만 초보자는 고소증을 겪을 수 있기에 이에 대비해야 한다. 보온의류를 충분히 준비하고 따뜻한 차나 물을 많이 마시고 두통약도 준비하는 게 좋다.

몽블랑 뒤 타퀼과 그랑 카푸생을 배경으로 제앙 빙하를 지나는 이들.

빙하 트레킹은 설사면에서 미끄러져 넘어지거나 크레바스(빙하의 갈라진 틈)에의 추락 위험이 상존하므로 전문가와 함께 산행하여야 한다.
필수장비로는 중등산화, 아이젠, 피켈, 안전벨트, 선글라스, 장갑, 모자, 방한복, 배낭, 물통, 선크림 등이다. 샤모니 시내의 모든 장비점에서 주요장비들은 대여할 수 있다.

여행 팁-몽블랑 파노라마 관광

알프스의 최고봉 몽블랑을 가장 높은 곳에서 조망할 수 있는 전망대는 샤모니 시내에서 케이블카를 타고 오르는 3,800m 고지의 에귀 뒤 미디 전망대다. 굳이 빙하 트레킹을 하지 않더라도 프랑스와 이태리 국경에 접해 있는 엘브로너 전망대까지 몽블랑 파노라마 곤도라를 이용하면 몽블랑 산군의 깊숙한 메르 더 그라스와 발레 브랑쉬 설원을 한 눈에 내려다 볼 수 있다. 길이 5km의 곤도라는 20분간 수평으로 움직이는데, 도중에 다섯 번 잠시 정지하여 빙하 위의 장관을 볼 수 있는 시간을 주기에 멋진 파노라마를 즐길 수 있다. 엘브로너 전망대에서의 경치는 남쪽 이태리쪽 전망뿐 아니라 몽블랑을 보다 가까이서 볼수 있어 더없이 좋다.
*샤모니-에귀 뒤 미디 왕복 케이블카 요금 : 47유로
*에귀 뒤 미디-엘브로너 파노라마 곤도라 왕복 요금 : 24유로
*2012년 기준. 매년 1~2유로 인상

빙하가 움직이다

3,000m 이상 알파인 고지에서는 여름에도 눈이 내린다. 적설량은 매년 차이가 있지만 수 미터에서 10여 미터가 된다. 이 눈들이 쌓여 굳어지고 단단한 얼음이 되어 중력에 의해 자연히 산비탈을 따라 아래로 움직인다. 하천의 흐름처럼 경사도에 따라 이동속도가 다르다. 이런 이유 때문에 산에 있는 모든 거대한 빙하의 얼음덩어리들은 천천히 아래로 움직이며 흐른다. 경사가 완만한 곳은 1년에 약 100m, 보다 심한 곳은 약 300m 아래로 움직인다.

빙하가 흐르는 V자 계곡의 가장 깊은 곳은 깊이가 300~400m 된다. 지구 온난화의 영향으로 빙하의 두께가 매년 조금씩 얇아지고 있다.

샤모니의 추석

알프스의 최고봉 몽블랑 아래에 위치한 샤모니에서도 추석 보름달을 지켜볼 수 있다. 이곳에 사는 한국인은 대여섯 명 된다. 추석날 저녁엔 한 자리에 모여 한식을 먹는 것으로 추석을 대신한다. 송편 같은 것은 생각할 수 없다. 그런 후, 샤모니 시내를 흐르는 아르브 강의 한 다리에서 몽블랑 위로 떠오르는 보름달을 지켜보며 고향생각을 한 적도 있다. 나는 종종 혼자 배낭을 둘러메고 산으로 향한다. 하얀 설원에서 맞이하는 보름달은 또 다른 매력이기 때문이다. 저 달이 고향 땅 한국에서도 두둥실 뜰 거란 생각이 든다. 하지만 몽블랑 위에 걸려 있는 보름달의 자태는 너무 인상적이라 넋을 잃고 바라보면 고향생각도 덜 하다.

제앙 빙하와 엘브로너 너머로 보이는 몽블랑 및 몽모디 위로 보름달이 떠 있다.

설동에서의 생각들

1년 내내 눈이 내리는 발레 브랑쉬 설원일지라도 계절의 변화에 따라 풍경이 달라진다. 모진 눈보라와 강풍에 가루눈이 날리는 분설의 겨울철(11월~4월)과는 달리 여름철(6월~9월)에는 습설이다. 한여름의 따가운 태양열에 눈이 녹아 젖어든다. 이 젖은 눈이 밤이면 얼어붙어 여름에는 설동 파기가 쉽지 않다. 그래서 여름에는 형형색색의 텐트들이 설원 위를 수놓는다. 하지만 눈을 파헤치기 쉬운 겨울에는 황량한 설원 위에 텐트라곤 찾아볼 수 없으며 간혹 몇몇 산악인들이 설동을 파고 입구 주변에 눈더미를 쌓아둔다. 사방이 하얀 설동 안은 또 다른 세계다. 이 글은 아늑한 일상에서 혹한의 눈밭상황을 되새기다 쓴 것이다.(2005년 3월 9일)

1-설동 안의 눈 속, 얼음 위가 따뜻하면 얼마나 더 따뜻할까?
 모든 것은 상대적이다. 3,000m 이상의 고지에서, 한낮 케이블카 역의 바람 없는 실외에 설치된 온도계가 영하 27도였기에 바람 부는 설원에서의 체감온도는 최소한 영하 30도 이하는 되었으며, 그 추위에서는 설동 안이 더 따뜻했다. 근래에 들어 두 번 설동에서 잤다. 한번은 3,200m 고지의 그랑 몽테에서, 또 한 번은 3,700m 고지의 에귀 뒤 미디 북동 설능에서다.
 그랑 몽테에서의 설동은 약 2시간 걸려 2명이 누울 정도의 공간을 만들 수 있었다. 눈이 내린 지 오래 되어 단단한 설사면을 파야 했지만 양호한 편이었다. 왜냐하면 바람이 심했던 3,700m의 에귀 뒤 미디 북동 설능에서는 어느 정도 설사면을 파고 들어가니 얼음사면이 나타나 피켈로 얼음을 쪼아내야 했다. 바닥을 다지는데 한 시간이 더 소요되어 무려 3시간 이상 온몸에 눈을 뒤집어쓰며 노동 아닌 노동을 해야 했다.
 또한 강풍에 휘날리는 눈이 쉴 새 없이 사면을 타고 내려와 수시로 설동 입구를 막아 종종 입구에 쌓인 눈을 치우는 고역이 뒤따랐다. 하지만 체감온도 영하 30도 이하의 바깥 날씨에 비해 배낭으로 입구를 틀어막은 설동 내부의 기온은, 친구가 가진 전자시계의 온도계로 영하 8도 밖에 되지 않아 아늑하기까지 했다.
 각각의 설동에서 단 하룻밤 지냈지만 그만큼 더 상대적 아늑함을 만끽하다 샤모니의 숙소로 돌아오니 산으로 향하기 전과는 또 다른 일상의 아늑함이 찾아온다. 이 또한 산을 오르는 이유들 중 하나가 아닐까 싶다.

2-설동의 천정이 낮아 조금만 높게, 편하게 허리를 펴도 머리가 닿아 눈부스러기가 떨어진다. 그러면 목덜미는 자연스럽게 움츠러들며 침낭에 떨어진 가루눈을 털어내기 바쁘다. 설동 한쪽 벽면을 깎아낸 눈덩이를 코헬에 넣어 녹여 차를 끓여 마시고 밥을 지어먹으며 에너지원을 섭취하고서 몇 시간 동안 설동을 파느라 젖은 속옷과 뻣뻣하게 얼어붙은 겉옷 등의 옷가지들을 말리기 위해 침낭 속에서 잔뜩 몸을 웅크리며 또다시 몇 시간 동안 열(?)을 발산하는 이상한 노동을 해야 한다. 체온으로 언 옷을 말리는 고역은 말로 할 수 없을 정도다.
 이렇게 가만히, 잔뜩 웅크리고만 있을 수 있다면 오죽 좋으랴. 가득 차오른 오줌보 때문에 할 수 없이 침낭을 떠나야 하는 고역이 밤새 몇 번이나 되풀이 된다. 몸을 최대한 웅크리고 설동을 빠져나가 시원히 볼일을 보고 이내 들어오는데, 이제껏 말린 옷에 또다시 눈가루를 뒤집어쓴다. 그런 잠다한 번거로움이 있지만 지금 이 따뜻한 일상의 아늑함에서도 그때 그 아늑함을 잊을 수 없으니 이 마음이 아리송하기만 하다.

3- 온 천지가 하얀색뿐인 설동에서 밖을 내다보는 풍경은 또 다른 아름다움을 느끼게 한다. 세상이 보다 더 깨끗하게 느껴진다고나 할까. 푸른색 기운마저 감도는 설동 안 한쪽 구석에 음식 찌꺼기나 커피 한두 방울이라도 떨어지면 그 아름다움을 해치는 것 같아 마음이 불편하다. 자연에서의 모든 인간 활동이 비자연적일 수밖에 없지만 유독 이 하얀 세계에서의 산악활동이 더욱더 비자연적으로 느껴지는 것은 왜 일까. 여하튼 우리는, 나는 자연에 많은 빚을 지고 있다.

4- 맨손으로는 쩍쩍 달라붙는 눈삽 손잡이를 조심스럽게 거머쥐고 설동 한 귀퉁이의 눈을 떼어낸다. 시리도록 깨끗하게 느껴지는 하얀 눈덩이를 맨손으로 집어 코헬에 담는다. 따뜻한 차를 끓이는데, 10분 이상 걸리지만 이 얼마나 행복한 순간이던가.
눈삽 자국이 선명한 설동 천정에 어려 있는 비취색의 아름다움은 말해 무엇하리.

강풍에 휘날린 가루눈이 설동 입구에서 휘몰아친다. 저 멀리 투르 롱드가 보인다.

설원 위의 두 점. 콜 미디에서 불어오는
강풍이 타퀼을 타고 넘는다.

가끔은 모진 눈보라에 맞서야 한다. 자연의 힘에 온몸으로 대항하는 즐거움이기도 하다. 차츰 잊혀져가는 야성을 일깨우기도 한다.

폭풍이 멎은 고요한 설원.
길을 따라가면 코스믹 산장이다.

눈과 하늘뿐인 설원의 한
공간을 걷고 있는 이들.

나란히, 단란하게 걷는 빙하 트레커들.

16 - 빙하 트레킹
(투르, 트리앙 빙하)

빙하 트레킹을 즐길 수 있는 또 다른 멋진 대상지는 투르 빙하를 거쳐 프랑스와 스위스의 국경을 넘어 트리앙 빙하를 잇는 코스다. 두 빙하 모두 몽블랑 산군의 북동쪽 끝자락에 위치해 있다. 접근이 용이하고 상대적으로 크레바스의 위험도 적으며 두 빙하에 아름다운 산장들이 위치해 있어 빙하 트레킹을 하며 알파인 지대의 정취를 즐길 수 있다. 한편 국경선 상에 위치한 에귀 뒤 투르(Aig. du Tour, 3,542m)는 두 빙하의 산장에서 가까이 위치해 있으며, 등반이 쉽고 높이 또한 적당한 봉우리로서 알파인 등반 초심자도 올라볼만 하다. 이 봉우리에선 마터호른 및 몬테로자가 있는 발리스 산군과 아이거 및 융프라우가 위치한 베르너 오버란트 산군을 조망할 수 있으며 몽블랑 산군 또한 한눈에 들어온다. 나는 종종 두 빙하를 찾는다.

겨울철에는 스키를 이용해 두 빙하를 가로지르기도 하며 설원을 걷고 싶을 때에도 이곳을 찾는다. 어느 봄철에는 투르 정상에서 비박하며 일출을 맞이한 적도 있다. 이 봉우리는 여름철뿐 아니라 겨울철에도 쉽게 등반할 수 있는데, 물론 접근로는 다르다. 도보산행을 하는 여름철에는 투르 마을에서 출발해 알베르 프르미에 산장(Albert Premier Refuge, 2,702m)에서 자고 이른 아침에 등반을 다녀오며, 겨울철에는 스키를 이용하여 그랑 몽테 쪽에서 파송 고개를 거쳐 오른다. 물론 투르 봉 동쪽 트리앙(Trient) 빙하 건너의 트리앙 산장(Trient Refuge, 3,170m)을 이용할 수도 있다. 두 산장을 기점으로 하룻밤 내지 이틀밤 산장에서 묵으며 알파인 정취를 만끽할만 하다.

트리앙 빙하를 가로질러 투르 고개(3,282미터)로 향하는 빙하 트레커들. 뒤는 에귀 도레의 침봉들이다

투르 빙하 좌측 둑 위에 위치한 알베르 1세 산장에서 내려오는 모자 트레커.

산행기

산행 출발지는 샤모니 계곡 가장 윗마을인 투르(Le Tour, 1,479m) 마을이다. 투르에 도착하여 곧장 발므 고개(Col de Balme, 2,191m)행 리프트에 몸을 싣는다. 리프트를 이용하지 않고 투르 마을에서 바로 산행을 시작할 수도 있는데, 시간이 배 소요된다. 일반적으로 도보로 알베르 프레미에 산장까지는 3시간 걸리며 리프트를 이용하면 한 시간 반이면 된다.

8월의 따뜻한 오후햇살을 받으며 리프트에서 내려 발므 고개 반대 방향인 남쪽으로 발길을 옮긴다. 투르 빙하까지 산 중턱을 굽이돌아 오르는 좁은 길이 나 있다. 길게 산모퉁이를 두세 개 돌아서면 마침내 웅장한 투르 빙하가 시야에 들어온다. 한 시간 만에 돌밭 길을 지나면 투르 마을에서 곧장 올라오는 빙하 옆 둑길과 만나게 된다. 이 모레인 언덕길을 따라 약 30분 오르면 마침내 알베르 프레미에 산장이다. 위쪽의 큰 시멘트 산장이 묵을 건물이다. 6월 중순부터 9월말까지 산장지기가 거주하면서 운영하는 곳이며, 아래쪽 작은 나무산장은 그 외 시즌 즉, 겨울철에 산악인을 위해 개방해두는 윈터 룸이다.

여름철이라 많은 산악인들이 산장에 와 있다. 주말이면 미리 산장을 예약하고 이용해야 낭패를 면할 수 있다. 배정받은 룸에서 쉬며 창밖으로 바라

사르도네를 보며 투르 빙하 좌측 허리길을 돌아 알베르 1세 산장으로 오른다.

보이는 투르 빙하와 에귀 뒤 사르도네(Aig. du Chardonnet, 3,824m) 등 주변 산들 위로 펼쳐지는 저녁노을이 좋다. 곧이어 저녁 7시, 산장 식당에서 현지인들과 어울려 즐거운 식사시간이 이어졌다. 함께 앉은 이들은 영국 산악인들이었다. 그들 또한 다음날 투르 빙하를 오를 예정이란다. 우리는 산장음식을 맛있게 먹으며 다음날의 무사산행을 기원했다.

 새벽녘에 현지 산악인 몇이 부스럭거리며 먼저 일어나는 인기척에 출발을 서두른다. 새벽 4시, 주변은 어둡지만 산장에서 하나둘 랜턴불빛들이 출발한다. 산장 뒤편의 돌 언덕을 한동안 따라 오른다. 크고 작은 케언들이 있기에 길 잃을 염려는 없다. 이어 바위 언덕에서 빙하에 내려선다. 빙하 위를 걸어 오르며 시냘 레일리(Signal Reilly, 2,883m)라는 빙하상의 작은 바위언덕 위쪽으로 방향을 튼다. 이렇게 비스듬히 남동쪽으로 방향을 틀어야 투르 고개(Col du Tour, 3,282m)로 갈 수 있다.

 서서히 날이 밝아오고 있다. 두르 고개 아래에 이르렀을 때는 이미 해가 떠 에귀 사르도네 정상부가 빛나고 있다. 여기서 오르막길을 약 20분 오른다. 마침내 투르 고개다. 이제부터 스위스의 트리앙 빙하가 펼쳐져 있다. 에귀 도래(Aig. Dorees, 3,519m)를 비롯하여 트리앙 빙하 너머로 저 멀리 마터호른까지 보인다. 여기서부터 에귀 뒤 투르에 오르기 위해선 방

해뜰 무렵, 좌측 하단에 위치한 트리앙 산장을 출발한 이들이 빙하를 가로질러 투르 고개로 오르고 있다.

향을 북쪽으로 틀어야 한다. 한편 트리앙 빙하를 따라 동쪽으로 설원을 가로질러 한 시간만 가면 트리앙 산장이 나타난다. 오르막이라고는 없는 편편한 설원이다. 몇 년 전 나는 트리앙 빙하의 맹주 에귀 뒤 도래를 오르기 위해 현지 산악인 줄리앙과 함께 곧바로 국경을 넘어 트리앙 산장에서 자고 등반한 적이 있다.

계속해서 투르 봉으로 오른다. 이제 길은 바위 능선길 동쪽으로 펼쳐져 있는 넓은 설사면을 따라 오르면 된다. 마침 산장에서 함께 묵은 네 명의 영국 산악인들이 투르 고개를 넘어오고 있었다. 그들 뒤로 샤르도네가 고개를 내밀며 다음번에는 자기에게로 오라며 손짓하는 듯했다.

이렇게 설사면을 30분 즈음 올라 투르 봉 언저리에 닿는다. 투르 봉에는 북봉과 남봉이 있는데, 보통 경치가 좋은 남봉에 오른다. 남봉에 오르는 길은 남릉과 북릉으로 나뉜다. 길이 및 난이도는 비슷하며 조심해서 바윗길을 타고 오르면 된다. 우리는 남쪽 바위능선으로 오른다. 뒤따르는 일행 뒤로 몽블랑 산군의 파노라마가 펼쳐졌다. 30분이 채 걸리지 않아 투르 봉 정상에 선다. 몇몇 스위스 산악인들이 먼저 도착해 있었다. 그들의 요델 소리를 들으며 사방으로 펼쳐진 경치를 즐긴다. 큰 어려움 없이 오른 산정에서의 경치가 이렇게 멋지리라곤 생각지 못했기에 기쁨은 더했다.

충분히 쉬며 경치를 즐기고 북쪽 바위 능선길을 따라 내려온다. 이어 평탄한 트리앙 빙하를 가로질러 빙하 동쪽 끄트머리에 위치한 트리앙 산장에 닿는다. 스위스의 산장이라 프랑스의 샤모니쪽 산장과는 다른 분위기가 느껴진다. 느긋하게 휴식을 취하고 하루의 산행을 마무리한다. 하산은 다음날 다시 투르 고개를 넘어 간다.

우측 끄트머리에 트리앙산장이 위치해 있다.

산행 길잡이

 이 트레킹 코스는 최소한 산장에서 1박을 하면서 충분한 시간적인 여유를 가지고 하는 게 바람직하다. 초보자는 고소증을 겪을 수 있기에 이에 대비해야 한다. 보온의류를 충분히 준비하고 따뜻한 차나 물을 많이 마시고 두통약도 준비하는 게 좋다. 빙하 트레킹은 설사면에서 미끄러져 넘어지거나 크레바스에의 추락 위험이 있으므로 전문가와 함께 산행하여야 한다.
 필수장비로는 중등산화, 아이젠, 피켈, 안전벨트, 선글라스, 장갑, 모자, 방한복, 배낭, 물통, 선크림 등이다. 샤모니 시내의 모든 장비점에서 주요 장비들(중등산화, 아이젠, 피켈, 헬멧, 안전벨트 등)은 대여할 수 있다. 그 외 장비 및 의류는 빌릴 수 없다. 추천할만한 산행계획은 오전에 산행을 시작하여 알베르 산장을 거쳐 투르 빙하를 거슬러 오른 다음, 국경 고개를 지나 트리앙 빙하에서 하룻밤 묵고 다음날 투르 봉에 올라 하산하는 게 좋다. 물론 알베르 산장에서 묵고 다음날 투르 빙하나 트리앙 빙하에 다녀와도 된다. 두 산장 다 여름철 성수기에는, 특히 주말에는 예약후 찾는 게 바람직하다.
*알베르 프르미에 산장 전화 : 33 (04) 50 54 06 20
*트리앙 산장 전화 : 41 (0)27 783 14 38

산행시간

투르 마을(1,453m)-(빙하 하단 둑길)-알베르 1세 산장(2,702m) : 3시간
투르 마을-(리프트)-발므 고개 리프트(2,191m) : 30분
발므 고개 리프트-알베르 1세 산장 : 1시간 40분
알베르 1세 산장-투르 고개(3,282m) : 2시간 30분
투르 고개-트리앙 산장(3,170m) : 1시간
투르 고개-에귀 뒤 투르 정상(3,542m) : 1시간 10분

알베르 1세 산장에서 맞이하는 저녁풍경.

알베르 1세 산장에서
맞이하는 저녁놀.

트리앙 빙하 동쪽 끄트머리에 위치한 트리앙 산장.
스위스의 산장이라 물가가 비싼 편이다.

카메라 셔터를 누르며

 열심히 아니 무작정 카메라 셔터를 누른다. 이렇게 찍힌 많은 장면들 중에 마음에 드는 게 있을 수 있지만 디지털 카메라를 사용하고부터 생긴 버릇 중 하나가 무의미하게 셔터를 누르는 것이다.
 나는 지금 정상에 올라와 있다. 힘들게 찍고 또 찍으면서... 알프스에서 알피니즘이 태동되어 현재까지 계속되고 있지만 인간이 자연을 정복할 수 있을까. 나 역시 산정에 올라 정복했다고 착각하는 건 아닌지 모르겠다. 알프스 4,000미터 봉우리를 오르면서 사진을 찍는 일은, 히말라야 미답 봉우리를 오르는 것에 비하면 모험적인 요소라곤 부족하다. 내가 이렇게 습관적으로 찍은 사진을 그저 팔아먹고 있는 건 아닌가 하는 생각이 불현듯 든다.
 자연과, 산과 동화된 진정한 장면을 담고 싶지만 쉽지 않다. 사진이 점점 어려워진다. 다른 이들의 눈길을 끌고 그들의 눈을 만족시키지만 마음을 흔들지 못한다면 잊혀지고 말 것들이다. 자신을 시험하고 자신을 위한 모험적인 산행이 아닌 제 행적을 남에게 팔기 위해 등반하는 경우가 많은 오늘날, 예술가가 예술꾼이 된다하여 탓할 이 없다면서 등산가 또한 등산꾼이 될 수밖에 없는 숙명을 받아드려야만 할까.
 사람은 저마다 풍경을 지니고 살아간다는 말이 있다. 그럼 나는 이곳 알프스와 얼마나 잘 어울리는 사람이 되었나. 아름답고 멋있으며 아직도 야성미가 남아 있는 이곳 알프스를 닮고 싶은 마음 간절하다.
 사람들은 묻는다. 왜 하필이면 알프스냐고. 말로 표현할 순 없지만 지구상의 다른 어느 산악지역보다 이곳 알프스 지역이 나의 마음에 편하게 다가오기 때문이다. 이것만으로 족하다. 내가 언제까지 이곳 알프스에 머물지 알 수 없다. 내 마음 언제까지나 변함없이 이곳 알프스를 사랑할 수 있길 기대한다.

17 - 기타 정보

샤모니 계곡 교통편
(각 마을을 오가는 산간을 시내버스를 이용할 수 있. carte D' Hote를 지니면 무료로 이동할 수 있다.)

블랑 익스프레스)나
종 숙박업소에서 제공하는
oz-Vallorcine 구간은

발로신
Vallorcine

마르티니
Martigny

le Buet
뷔에

Col de Montets
콜 데 몽테

FRANCE　SUISSE

Le Tour
투르

콜 더 발므
Col de Balme
2191m

플레제르
egere(177m)
dex(2335m)
앙덱스

Argentiere
아르장티에르

Glacier
du Tour

Glacier d'Argentiere

그랑 몽테
Grands Montets
(3295m)

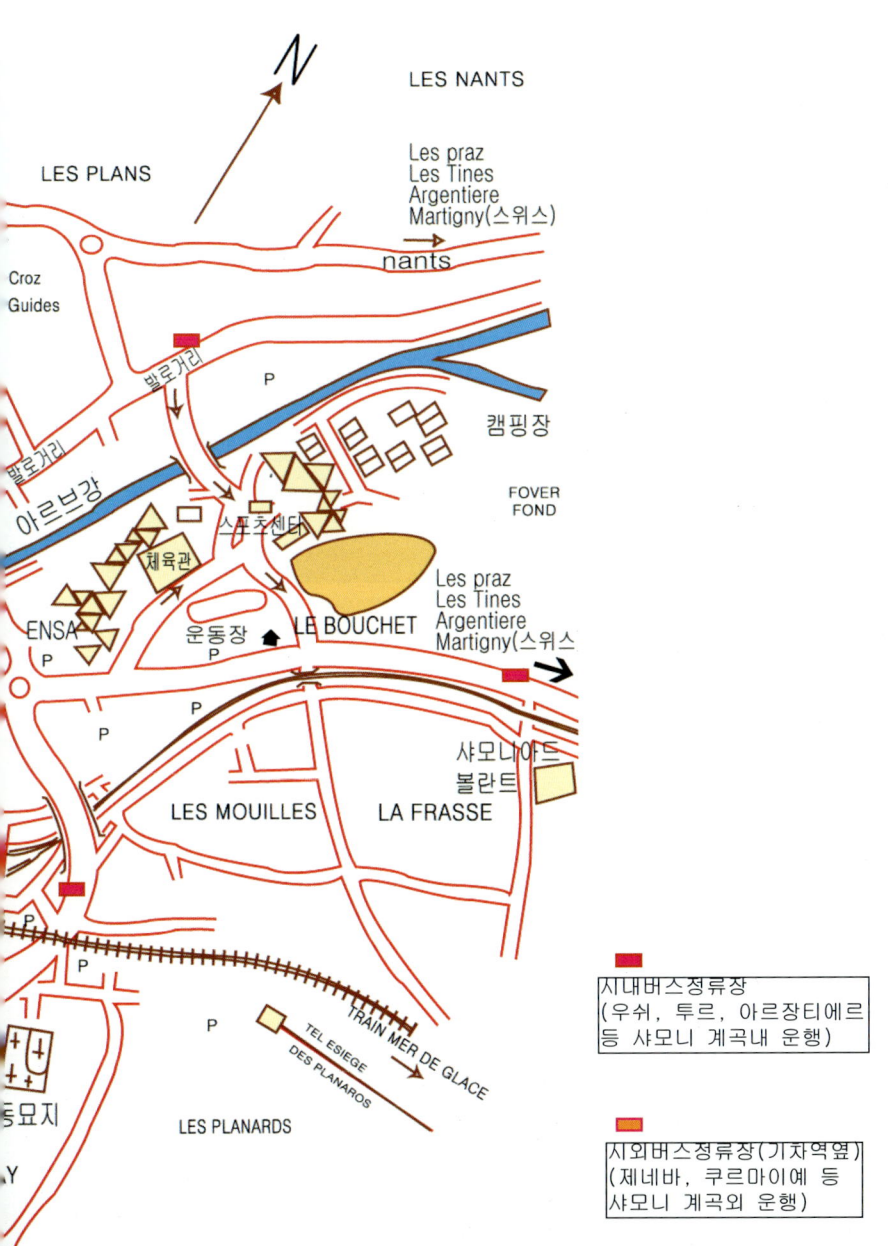

브레방에서 본 샤모니 시내.

샤모니 몽블랑

 샤모니 계곡은 콜 더 발므(Col de Balme)에서 콜 더 보자(Col de Voza)까지 장장 23km에 걸쳐 길게 연결되어 있다. 이 계곡은 빙하 4기에 거대한 빙하에 깎여 마치 물 홈통 모양으로 형성되었다. 마지막 빙하기는 약 만 여 년 전으로 거슬러 올라가는데, 이 시기에는 샤모니 지역을 뒤덮던 빙하의 두께가 최소한 1km는 되었다고 한다.
 수많은 산악인과 스키어들의 휴식처인 샤모니는 구름위로 사람들을 나르는 케이블카의 최첨단 기술과 알프스 고원의 푸른 목초지, 몽블랑 산군 깊숙한 곳에서의 명상과 수많은 관광객들의 열광 등 공통점을 지니지 않는 것들이 함께 어울어져 있다. 어디에서도 볼 수 없는 수많은 침봉들과 빙하들, 드넓게 펼쳐진 푸른 초원과 숲, 잘 다듬어진 잔디밭과 현대식 레저시설과 숙박업소 등. 유럽 최고봉 몽블랑에 매료된 인간들의 열정이 세계적인 산악도시를 형성하게 된 것이다.
 1700년대까지도 샤모니 계곡은 사람들의 왕래가 거의 없는 한적한 곳이었기에 위험한 곳으로 알려져 있었다. 이 계곡의 봉우리들은 인간들이 근접할 수 없는 원시림이 덮인 저주 받은 곳으로 생각되었다. 그러나 1786년에 샤모니의 의사 미셸 가브리엘 파카르와 수정채집가 자

크 발마가 몽블랑 등정에 성공함으로써 등산, 즉 알피니즘의 본고장이 되었다. 이로서 유럽 최고봉에 대한 관심이 높아지고 평화스럽던 샤모니 마을에도 큰 변화를 가져오게 되었다.

20세기에 이르러 등산열차와 케이블카가 건설되고 1924년에는 제 1회 동계올림픽이 개최됨으로써 샤모니 몽블랑은 세상에 더욱 알려졌다. 1965년에는 샤모니에서 몽블랑 아래를 관통하여 이탈리아의 쿠르마이예에 이르는 몽블랑 터널이 완공됨으로써 교통이 더욱 편해졌다. 스위스의 마르티니와 프랑스의 생 제르베, 이탈리아의 쿠르마이예, 스위스의 제네바 등으로 가는 교통수단이 발전하여 샤모니는 더 한층 국제 관광도시가 되었다.

알피니즘의 발상지이자 몽블랑 산군의 산행기점인 샤모니의 실제 이름, 즉 행정구역명은 샤모니 몽블랑(Chamonix Mont Blanc)이다. 샤모니 몽블랑 역을 기점으로 시내를 둘러보면, 역에서 번화가 쪽으로 뻗어 있는 길이 미셀 크로 거리이다. 전통적인 산악도시답게 시내 곳곳에 산악인의 이름을 붙이고 있다. 미셀 크로는 알프스 등산의 황금시대에 활약한 샤모니 출신의 등산가이드로서, 1865년 마터호른 초등정 직후 자일이 끊어져 사망한 비극의 희생자이다.

식당과 선물가게, 은행 등이 있는 이 거리를 곧장 내려가면 약 100미터 지점의 왼쪽 모서리에 작은 목조건물이 하나있다. 여기가 프랑스 산악회 샤모니 지부로서 몽블랑 산군을 등반이나 트레킹 하러 오는 모든 회원들에게 편의를 제공한다. 프랑스 산악회에서도 가이드 조합처럼 여름철 등산학교 등 여러 프로그램을 운영하고 있다. 이 지부에서는 몽블랑 지역의 회원관리와 등반정보를 제공하고 있는데, 프랑스 산악회 회원뿐만 아니라 일반여행자들과 외국인들도 일정액의 회비만 납부하면 곧바로 회원증과 함께 자격을 부여하는데, 이 기간 동안 산장이나 대피소 사용시 이용액의 반 정도를 할인받을 수 있다. 거기서 시내 한복판으로 들어서면 오른쪽에 산악박물관이 위치해 있다. 알프스 산골마을의 역사뿐 아니라 알피니즘의 역사를 한눈에 조망해 볼 수 있는 곳으로서 초등시대의 등산장비와 그들이 사용했던 자료들이 전시되어 있다.

이어 아르브 강을 건너 큰 시계탑에 이른다. 여기서 오른쪽은 발로 거리, 왼쪽은 파카르 거리이다. 이 3개 거리가 샤모니의 중심가를 이룬다고 볼 수 있다. 레스토랑 및 각종 기념품 가게가 즐비한 발로 거리를 걸어가면 왼편에 큰 수퍼마켓이 있다. 여기서 조금 더 걸어가면 사거리가 나오는데, 오른쪽으로 모퉁이를 돌아가면 몽블랑 거리이다. 거리 왼편에 커다란 상가가 있는데, 여기에도 수퍼마켓이 있다. 이 상가 옆으로 흐르는 아르브강의 다리 하나를 건너면 몽블랑 광장이 나온다. 광장 지하는 넓은 주차장이다.

매주 토요일 오전마다 이곳에 시장이 선다. 이 토요장엔 이 지방 산골에서 생산되는 각종 치즈나 야채류, 목조각 등 토산품뿐 아니라 의류나 여러 가지 골동품과 도서들도 판매되는데, 잘만 고르면 의외로 싸고 귀한 물건도 찾을 수 있다. 몽블랑 광장 뒤편에 우뚝 솟은 건물이 ENSA(국립스키등산학교)다. 전통과 역사를 자랑하는 세계최고수준의 이 학교건물 주변에 각종 스포츠 시설들이 밀집해 있다. 5년 정도 이 학교에서 스키와 등산에 관한 이론과 실기를 익힌 다음, 국가시험에 합격한 사람들에 스키 강사나 등반 가이드 자격을 주는 국립 가이드 양성학교이다. 외국인을 위한 몇몇 프로그램도 개설하고 있다.

ENSA를 좌측에 두면서 북서쪽으로 난 큰 길을 따라 10분 즈음 가다 우측으로 돌아 철길을 건너면 '샤모니아드 볼랑'이란 샤렛이 보인다. 띠띠네 집으로 익히 알려진 이곳은 70년대에 고 유재원씨가 거처했던 곳이기도 하며 많은 한국산악인들이 애용했던 곳이다. 도미토리형 숙박소인 이 목조건물의 로비에는 한국등반대들의 흔적이 많이 남아있다. 이곳에서 오육십 미터 떨어진 지점에도 이와 유사한 숙소가 있다.

한편 파카르 거리를 10여 미터 따라 걷다가 발프 광장에서 오른쪽으로 접어들면 아담한 생 미셸 교회로 이어진 거리가 나온다. 이 거리 중간 지점에 샤모니 시청이 위치해 있다. 12세기 초에 작은 예배당으로 세워진 생 미셸 교회는 1522년의 화재 이후 여러 번 개축되어 1758년에

토요장터의 모습. 알프스 자락에서 만든 각종 치즈들.

파카르 거리가 시작되는
우체국 앞 광장의 오후.

지금의 모습을 갖추게 되었다. 이 교회 오른편의 3층 건물은 산의 집 (Maison de la Montagne)으로서 1층은 가이드 조합이며, 3층엔 산악정보센터가 있다. 각종 트레킹 및 등반자료들이 비치되어 몽블랑 산군으로 오는 거의 대부분의 이들이 이곳에서 정보를 얻는다. '산의 집' 앞 도로 건너편엔 관광 안내소가 있어 각종 서비스를 제공하고 있다. 관광 안내소와 교회 사이의 길을 약 10분 올라가면 브레방 전망대로 오르는 케이블카 역이 나타난다.

한편 안시나 제르마트, 제네바와 같은 장거리 버스 편은 샤모니 몽블랑 기차역 오른편 앞에 위치한 조그마한 통나무 사무실에서 알아보면 된다. 샤모니 계곡의 각 산행기점인 아르장티에르, 투르, 뷔에 혹은 우쉬 마을 등으로 이동하기 위한 교통수단은 시내버스나 산간열차 몽블랑 익스프레스를 이용하면 된다. 숙박업소나 캠핑장에서 제공하는 티켓(carte d'Hote)을 이용하면 무료로 편리하게 오갈 수 있다.

기차역 위로 가설된 계단을 올라 건너면 몽탕베르 행 등산기차역이 나타난다. 메르 더 그라스 쪽으로 가기 위해선 이 기차역을 이용한다. 이곳에서 좌측으로 돌아 철길을 건너면 샤모니 공동묘지가 있다. 여기엔 마터호른 초등자 에드워드 윔퍼나 가스통 레뷰파, 리오넬 테레이 같은 알피니즘의 발전에 주된 역할을 했던 유명 등산가와 수많은 알피니스트들이 잠들어 있다. 이 묘지 상단부 한적한 곳에 한국인으로서 몽블랑 산군에서 활발한 등산활동을 했던 고 유재원 씨의 묘가 있다.

다시 시내로 돌아와 발프 광장 한편에는 우체국 건물이 있으며, 파카르 거리를 따라 식당과 영화관 서점 및 수퍼마켓, 그리고 등산장비점 등이 밀집해 있다. 이 거리를 좌측으로 돌아 철길을 건너고 아르브 강도 건너면 샤모니 슈드, 즉 샤모니 남쪽 광장 상가가 나타난다.

이 곳을 지나면 에귀 뒤 미디 행 케이블카역 광장이 나타난다. 3,800미터 높이의 에귀 뒤 미디 전망대를 찾는 이들이 많고, 여름 성수기에는 꽤 붐비기에 아침 일찍 나서는 게 좋다. 샤모니 남쪽 광장에서도 성수기에는 매주 수요일에 장이 서는데, 몽블랑 광장의 토요장보단 규모가 작지만 각종 골동품이나 우표, 서적 등은 보다 다양하게 거래되고 있다.

캠핑장은 샤모니 주변에 대여섯 군데 있다. 어느 곳이든 현대식 샤워시설 등의 편의시설이 잘 갖춰져 있어 여름시즌에 샤모니에 장기 체류하는 이들에겐 권할 만 하다.

샤모니 시내에서 남쪽으로 15분 걸어가면 누구나 즐길 수 있는 다양한 난이도의 자연암장인 가이앙 암장이 위치해 있다. 이곳 잔디밭에선 매년 여름 가이드 축제가 열린다. 주변 숲속엔 철봉 등 각종 운동기구가 설치되어 있고, 휴식공간도 충분히 제공하고 있다. 여기서 멀지 않은 거리의 보송 빙하는 한여름의 관광객들에겐 몽탕베르의 메르 더 그

샤모니 계곡을 오르내리는 산장열차 몽블랑 익스프레스. 르 뷔에 역에서.

라스 얼음궁전과 더불어 더할 나위없는 시원함을 제공한다.

 샤모니에서 케이블카로 30분이면 도달하는 에귀 뒤 미디 전망대는 몽블랑을 한눈에 조망해 볼 수 있는 샤모니 관광의 핵심이다. 단번에 2,800미터의 고도를 높이기에 건강에 이상이 있는 이들은 조심할 필요가 있다. 샤모니의 큰 행사로 가이드 축제가 매년 8월 15일 열린다. 여러 가지 구조시범뿐만 아니라 불꽃놀이나 고전의상 가장행렬 등이 펼쳐진다. 뿐만 아니라 매년 세계수준의 암벽대회라든지 몽블랑 일주 산악마라톤대회 등 각종 산악문화행사가 열린다.

 이렇듯 수많은 침봉들과 어우러진 만년설 아래에 위치한 샤모니는 아르장티에르와 우쉬 같은 주변 마을과 연계되어 알프스 최대의 레져 휴양도시로서의 역할을 하고 있다.

-항공편-

몽블랑 산군의 트레킹 기점은 프랑스의 샤모니로 잡는 게 좋다. 샤모니에서 가장 가까운 공항은 제네바(Geneva) 공항이다. 공항에서 샤모니까지 한 시간 소요된다. 제네바 공항이 국제공항이긴 하지만 규모가 작아 한국에서 가는 직항노선이 없기에 유럽 주요도시에서 환승하는 티켓을 끊어야 한다.

한국에서 직항노선이 있는 스위스의 쥐리히에서 샤모니로 올 수는 있지만 기차로 네다섯 시간은 걸리고 대체로 저녁에 공항에 도착하기에 그날 바로 샤모니로 올 수 있는 기차편이 없다. 프랑스의 파리에서 기차로 샤모니에 올 수도 있는데, 도중에 몇 번 갈아타야 하며 대여섯 시간 걸린다.

-공항-샤모니 교통편-

제네바 국제공항에서 샤모니 행 교통은 시즌에 따라 운행횟수가 다른 정기버스가 있다. 버스는 비시즌(3월말~6월초, 9월말~12월초)에는 하루에 두 번 운행하지만 시즌에는 대여섯번 운행한다. 도중에 몇몇 산간마을을 거치기에 한 시간 반 정도 소요된다.

제네바 공항에 저녁 늦게 도착하는 경우에는 버스가 운행하지 않기에 승합차를 이용하는 편이 편하다. www.chamonix.com이나 www.chamonix.net에 접속해 검색해보면 여러 승합차 회사들이 있는데, 미리 예약해두면 승합차 기사가 마중나와 편리하게 샤모니까지 태워준다. 가격 또한 저렴한 편이다. 아울러 시간이 많다거나 기차여행을 즐긴다면 기차를 타고 샤모니로 올 수도 있지만 시간이 많이 걸리고 많은 짐을 지고 환승하는 불편이 있어 권할만 하지 않다. 급하게 공항에 도착해 마땅한 교통편이 없는 경우 택시를 이용할 수도 있는데, 운전기사에 따라 요금차이가 있기에 미리 확인후 이용해야 한다.

-숙박편-

공식적으로 샤모니 거주인구는 9,800여 명인데 반해 여행자들을 위한 침상은 23,000여 개가 준비되어 있다. 트레커들을 위한 여러 등급의 호텔과 여행자 숙소가 있으며, 여름철에는 캠핑장 또한 추천할만 하다. 한편 콘도형 아파트나 샤렛 등도 이용할 수 있는데, 1주일 단위 즉 토요일 낮부터 1주일간 임대하는 게 원칙이며 샤모니를 기점으로 당일 트레킹을 즐기기 위해선 웬만한 생활도구가 다 갖춰진 콘도형 아파트 임대가 추천할만 하다.

www.chamonix.com 이나 www.chamonix.net에 접속해 자신의 트레킹 계획에 맞춰 호텔이나 여행자숙소, 캠핑장을 예약하면 편리하다. 호텔이나 콘도형 아파트의 이용요금은 시즌에 따라 다른데, 비시즌에는 조용하고 저렴하게 이용할 수 있다. 한편 몽블랑 일주를 위해선 http://www.walkingthetmb.com/accommodation/TMBAccomodation4.pdf에 접속해 보다 상세한 정보를 확인해보면 된다. 인터넷 이메일과 전화를 병행해 예약 및 확인하면 보다 확실하게 잠자리를 예약해둘 수 있다.

-시차-

알프스 쪽 나라와 한국과의 시차는 8시간이지만 보통 3월말부터 10월말까지 섬머타임을 시행하므로 여름철에는 7시간 시차가 있다. 알프스에서 아침 7시면 한국은 오후 2시이다.

-식료품과 생활용품 및 기타-

품목에 따라 차이는 있지만 슈퍼마켓에서의 식료품 가격은 샤모니가 한국에 비해 그리 비싼 편은 아니다. 몇몇 품목들(유제품과 농산물 등)

은 품질도 좋고 가격도 착하다. 샤모니 시내에 대형수퍼마켓과 소형점포가 여럿 있으며 가격에 큰 차이가 없기에 자신이 머무는 숙소에서 가까운 곳을 이용해도 무방하다. 보통 아침 8시부터 저녁 7시 반까지 문을 연다. 악세사리나 생활용품 또한 수퍼마켓에서 구입할 수 있다. 빵집은 시내 곳곳에 위치해 있는데, 아침 7시에 문을 연다. 빵집에서 샌드위치 등 점심을 준비해 당일산행에 이용해도 좋겠다.
세탁을 위해선 시내 몇몇 곳에 위치한 무인유료 세탁소를 이용하면 된다. 건조까지 할 수 있다. 몽블랑 광장에는 토요일 오전에 토요장이 서는데, 알프스 산록에서 나는 신선한 치즈와 야채, 고기뿐 아니라 골동품이나 일용품 등도 구매할 수 있다. 장터에서 간단히 장을 봐 그날 점심을 해결하면 좋다.

-비상시 구조받는 방법-

트레킹을 하다가 조난 당사자나 동료, 혹은 다른 사람이 사고를 당하면 우선 지니고 있는 핸드폰으로 전화(프랑스:119, 유럽:112)를 한다. 구조대에 사고지점과 조난자의 부상 및 건강상태를 정확히 알려준다. 몽블랑 산군 거의 모든 지점에서 전화통화가 가능하지만 혹 불통이 되거나 전화기가 없다면 가장 가까운 산장으로 달려가 산장지기에게 알린다.
사고자 본인이 움직일 수 없는 경우 호각을 분다거나 옷가지를 흔들어 1분에 여섯 번 신호를 보내고 1분 쉰 다음 다시 시도한다. 밤에는 헤드랜턴 불빛을 위와 같은 방법으로 반복한다.
헬리콥터 구조를 위해서는 두 팔을 크게 벌려 V자 모양으로 흔들거나 붉은 화염이나 불빛을 내고 붉고 밝은 옷가지를 둥글게 펼쳐놓아 구조헬리콥터에 알린다. 산악구조대에 연락이 되었더라도 어둡거나 구름이 짙으면 헬리콥터가 뜰 수 없으며 육상구조대 또한 접근하기 어렵기에 악천후에 견딜 수 있는 비상(비박)장비를 지니는 게 좋다.
정당한 사유에 의한 경우가 아니고서는 구조비용을 지불해야 한다. 평소 건강관리에 신경쓰고 트레킹 장비 또한 철저하게 준비해 혹 있을지 모를 사고에 대비하여 즐겁고 안전하게 트레킹을 해야겠다.
*샤모니 산악구조대 전화번호 : 04 50 53 16 89
*샤모니 병원 전화번호 : 04 50 53 84 00

-기타 정보-

www.ohm-chamonix.com(샤모니 고산정보센터, 산장 및 산행정보)
www.chamonix-bus.com(버스 정보)
www.meteo.fr(날씨 정보)
www.compagniedumontblanc.fr(케이블카 정보)
www.chamonix.com / www.chamonix.net(종합정보)

MONTANA 650TK

아웃도어+차량 내비게이션의 종결자!

- 직사광선에 더욱 잘 보이는 고해상도 4인치 대형 터치 스크린
- 정압식 터치스크린으로 장갑을 낀 상태에서 조작가능
- 듀얼 오퍼레이션 (가로 세로 화면 전환)
- 음성 안내 (차량마운트 킷트 장착시)
- 500만 화소 카메라 내장 (촬영위치 저장)
- 전용충전지 Li 포함, 알카라인 전지 겸용

- 이어폰잭
- 전세계 어디서나 사용
- 우천시 사용 가능한 생활 방수
- 가로 7.5 x 세로 14.4 x 폭 3.6 c
- ※ 자세한 사항은 웹사이트를 참조해 주십시

네베상사 www.garmin.co.kr

충무로 본점:
서울시 중구 저동 2가 47-15
02-515-8848

종로 지점:
서울시 종로구 종로5가 314-6
02-2698-8848